「徴用工問題」とは何か？

韓国大法院判決が問うもの

戸塚悦朗

明石書店

「徴用工問題」とは何か？

目次

第2章　日韓請求権協定で終わったこと、終わっていないこと　93

まえがき

「帰化したらよいのに?」

1960年代、大学生のころでした。グループをつくって一緒に勉強していた仲間の一人だった友人に何気なくそう言ったのです。私としては、「善意」からの一言でした。彼は、何も返事をせず、沈黙したまま車を運転し続けていました。その友人は、中学生時代に韓国から日本に移住し、国籍が韓国でした。彼は、日本名を使い、日本語にも不自由はありませんでした。留学するため、英語を熱心に勉強していました。英語の発音が日本的でないのが、私たちとは少し違いましたが、日本人と全く同じように見えました。その後、このことは、すっかり忘れてしまっていました。卒業後、彼は、アメリカに行き、学者になったといううわさを聞きました。

三十数年して、1990年代終わりころアメリカに行ったとき、彼の消息を尋ねて、やっと連絡がつきました。最初は、電話で話したと思います。鮮明に覚えているのは、彼が、いきなり「なぜ、あのとき帰化を勧めたのか？」と言ったことです。英語でした。私は、昔話をしたり、近況を知らせあったりするつもりでした。ところが、彼の最初の質問で、驚いてしまったのです。質問というより、詰問のようでした。

私のほうは、すっかり忘れていたのに、何気ない「善意」の一言が、ひどく彼の心を傷つけてしまったことに気付きました。おそらく、彼は、何度も何度も大学時代の私の言葉を思い出し、そのたびに心の傷が深くなって、トラウマになってしまったのでしょう。

彼に言った「帰化したらよいのに？」という「善意」の勧めは、なぜ私の口をついて出てしまったのでしょうか？「韓国人でいるよりも日本人になったほうが得ではないの？」という日本人特有の潜在的な優越感（？）から出てしまったのかもしれません。もしかすると、日本の植民地になって「日本人になったらよいのに？」という、明治時代の「善意」の提案と地続きなのかもしれないと思い至ったのです。

私の無知と配慮のない発言について、友人に謝罪したのです。もし「善意から言ったのだ」というような言い訳をしていたら、論争になってしまって、結局喧嘩別れになっていたでしょう。このときには、自分の日韓関係の歴史認識の欠如に気が付いていましたので、幸い和解することができました。

そんな私の反省の気持ちは、なぜ起こったのかを振り返ってみました。1992年2月のことでした。ジュネーブの国連人権委員会で日本軍「慰安婦」問題を提起した日のことでした。国連のロビーでＮＧＯの方から（故）崔昌華《チオエチャンホァ》牧師を紹介されました。

崔牧師からその日の夕食に招かれ、そのときに日韓関係について詳しく教えていただいたのです。ところが、韓国料理がのどを通りませんでした。終わりが見えないほど長い話だったのです。滔々と日韓関係の不幸な歴史についての話が続きました。結局は、協力要請があったのですが、それは霞んでしまいました。延々と続く日本の蛮行の話を聞くのは、日本人の私には苦痛そのものでした。たとえ真実であっても、自分が非難されているような気持ちになって、素直に聞くことが辛いのです。今思うと、数百年間の日韓関係の歴史教育を一気に受けたことになります。

その時のたくさんの話のいくつかは、今でもよく覚えています。秀吉の「朝鮮征伐」の話に始まり、植民地支配下の創氏改名、皇民化教育の話もありました。そして、今も在日韓国・朝鮮人に対する厳しい差別が無くならないので、国連人権委員会に訴えたというのです。崔牧師の名前を、ＮＨＫが「さい　しょうか」と読むことを人権侵害として裁判所に訴えた話もありました。

今思うと、恥ずかしいのですが、知らない話ばかりで、無知だったことを渋々でも、認めざるを得ない気持ちになりました。他人のせいにするのはよくないのですが、「学校では習ったことがなかった」と日本の歴史教育の欠陥を痛感しました。

その後、多くの人たちから日韓関係の話を聞き、本も読むようになったのです。そのあとでしたから、友人からの詰問を受けて、彼のトラウマが理解できたのです。

結局、私の体験から行きついたのは、日韓の歴史認識を深めることができなければ、相手方韓国・朝鮮の人たちの心を理解することはできないという発見だったのです。

２０１８年10月、韓国の大法院が戦時中の元徴用工の人たちが、日本企業を訴えた訴訟で、原告勝訴の判決を言い渡したというニュースが日本に衝撃を与えました。日本の裁判所で敗訴した被害者が、韓国の裁判所では勝訴したのです。大法院は、一体どのような事実関係を認定したのでしょうか？　この問題は、１９６５年の日韓請求権協定で解決済みだったのではないでしょうか？　なにより、大法院が植民支配は不法だったと判断したというのですが、それはどういう論理によるのでしょうか？

感情的な反応をすれば判断停止に陥ります。それよりも、まず判決を読んで、韓国の大法院が何を言っているのかを知ろうとする姿勢が大切ではないでしょうか。きっと、日韓関係の歴史認識を深めるためによいきっかけになる可能性があります。そう考えて、本書を書きはじめました。戦時強制動員の法的根拠の原点だった植民地支配がどのようなものだったのか？ それを知り、理解することができないと、日韓の民族間の、国家間の和解は困難になると思うのです。私の周りには、その様な議論をしている人があまり見当たりません。

「日韓を「和解学」する」という浅野豊美教授（早稲田大学）のインタビュー記事（朝日新聞２０１９年2月27日朝刊）には、「互いの尊厳を認め合いつつ議論を続けるプロセスを大事にすること」が必要だと提案されています。沈黙ではなく、議論の継続が和解のために必要だと言うのです。本書が、多くの議論のきっかけになれば、日韓の和解への道に通じるという希望を持ちたいものです。

２０１９年8月4日さいたま市の自宅にて　著者

序　章

1. 民間の民事事件に政府が介入するのは妥当か？

２０１９年初め、日韓関係の悪化は、「危機」と言われるまでに高まりました。どうしてそんなことになったのでしょうか？

その最大のきっかけは、第二次大戦中の日本企業による韓国出身の徴用工問題をめぐる日韓政府の対立が激しくなったことによるのです。特に、２０１８年10月の韓国大法院判決の結果を受けて、日本企業の資産への強制執行が始まったことが契機になりました。この「徴用工問題」が何なのかをよく知らないままでは、この日韓関係の危機に対応することは困難ではないかと思います。

韓国大法院判決

「徴用工問題」が日韓の間でこんなに大きな問題になった契機は、何だったのでしょうか。

韓国の裁判所では、新日鉄住金（現日本製鉄）、三菱重工業、不二越など日本企業に対して、戦時に韓半島から徴用などにより日本に連れて来られたいわゆる「徴用工」が損害賠償を求めて提起した訴訟が審議されていました。そして、２０１８年10月30日に韓国の大法院（日本の最高裁にあたる）は、新日鉄住金徴用工事件再上告審の裁判で原告被害者勝訴の判決を言い渡しました。大法院の裁判官が全員で合議した結果、被告日本企業の上告を棄却し、原告の損害賠償請求を認めた原審裁判所の判決が確定しました。ソウル高等法院が判決を言い渡したのは、２０１３年7月10日のことでした。ですから、5年もかかってやっと大法院の判決が出たことになります。なぜこんなに手続きが遅れたのでしょうか。それは後で検討します。

これは、韓国内の出来ごとです。それも民間人被害者と韓国内で企業活動を継続している民間日本企業の間の民事事件です。実務法曹の立場から見ると、国が出る幕はないと考えるのが普通ではないでしょうか。

最終の裁判手続きが終わって、損害賠償を命じた韓国の原審裁判所の判決が確定したというのです。賠償額は1人当たり1億ウォン（約1000万円）、原告は4人ですから、総額は約4000万円の民事事件です。個人ならいざ知らず、大企業にとってはそれほど多額の損害賠償でもありません。十分支払える財力の範囲内なのです。常識的に言えば、支払い能力がある企業なら、強制執行が始まる前に判決が命じたとおりに支払います。ところが、被告日本企業が、裁判所に命じられた損害賠償の支払いに応じなかったのです。これは、日本政府が韓国側に強硬姿勢を示したことにもよるのでしょうが、被告企業は、原告が求めた話し合いにも応じなかったのです。そうなると、原告被害者側は、韓国内にある被告の資産を差し押さえ、強制執行によって支払いを求める段階に移るしかないのです。ほかに判決を実現する道がないからです。2018年年末から、この手続きの申し立てが始まりました。

これまで、同様な中国人徴用工が日本企業を訴えた訴訟においては、鹿島建設（花岡事件）、西松建設、三菱マテリアルなどの日本企業が、その事実と責任を認めて謝罪し和解をしています。今回の日本の企業と政府の対応が、中国人徴用工による訴訟の場合と大きく異なることに注目すべきでしょう。

安倍首相が民事事件に介入

ところが、新年早々、安倍首相自らが、先頭に立ってこれを「国際法違反」と非難して激しく反発したのです。被告にもなっていなかった日本政府（安倍政権）が、民間の民事事件に介入したのです。日韓請求権協定を盾にとっているのですが、それこそ大法院判決が詳細に検討している法的問題点です。韓国内では民事訴訟としての法的検討は終わっている問題なのです。

少し詳しく経過を見てみましょう。

２０１９年１月６日に放送されたＮＨＫの番組で報道されたとのことですが、安倍晋三首相は、韓国大法院が日本企業に元徴用工への賠償を命じた判決を受け、原告側が企業資産の差し押さえ申請をしたことに対して、「日本としての対抗策を関係省庁に検討するよう指示した」というのです。首相は、この番組で、差し押さえの申請について「極めて遺憾。政府として深刻に受けとめている」と語り、判決を「国際法に照らして、ありえない判決」と改めて批判しました（朝日新聞デジタル２０１９年１月６日）。

これに対して、韓国の文在寅《ムンジェイン》政権は、三権分立の原則に立って、行政府は、司法府の独立を尊重するという立場をとって、事態を静観していました。

沸騰する日本の世論

ところが、安倍首相の民事事件への介入発言は、日本の世論に大きな影響を与えました。「安倍首相1月6日ＮＨＫ　徴用工」というキーワードでインターネット検索をしてみました（２０１９年４月７日検索）。１１９万件の検索結果が得られました。その最初の10件を見るだけでも、安倍発言が、日本のネット世論に大きな影響を与えたことを見て取ることができます。

まず、最初に出てきた「よろずや瓦版」（https://yorozuyakawaraban.net/archives/972）を見てみましょう。「安倍晋三首相は６日放送されたＮＨＫ番組で、日本企業に元徴用工への賠償を命じた韓国最高裁判決を受け、原告側が資産差し押さえを申し立てたことについて「極めて遺憾だ。深刻に受け止めている」と述べた。その上で、「国際法に基づき、毅然《きぜん》とした対応を取るための具体的な措置の検討を関係省庁に指示した」と明らかにした。判決について首相は、「国際法に照らしてあり得ない判決だ」と重ねて批判。徴用工問題は１９６５年の日韓請求権協定で完全に解決済みだとの立場を強調した。」という時事通信（１月６日）の報道を引用しています。ここまではよいのです。

それに続けて、このサイトは、「徴用工に限らず、竹島上陸や韓国駆逐艦による海自哨戒機へのレーダー照射など、国際法を逸脱する行為が後を絶たない韓国。これまでにも措置の示唆はしてきても、具体的な行動を起こさないのが日本政府でした。しかし、レーダー照射問題より日本政府は少しずつ国民の目にも見える具体的なアクションを起こし始めています。」という意見を載せています。注目すべきなのは、徴用工問題という民間の民事事件の問題に、竹島問題やレーダー照射問題などの国家間の紛争を結びつけて、ネットメディアが緊張を拡大していることです。テレビや新聞などのマスメディアでも同様な議論が広く報道されました。

ところがこのサイトは、それにとどまらず、「……相当な打撃となる措置を講じない限り、同じことの繰り返しになるのは容易に想像がつきます。それを踏まえて、もっとも考えられる具体的な措置としては「経済制裁」が考えられるのではないでしょうか。経済制裁は日本にとっても打撃となることはありますが、韓国はそれ以上に深刻な打撃を受けることとなります。」と、対抗手段として「経済制裁」を提案しているのです。

経済制裁は、戦争の一歩手前の強制措置です。太平洋戦争の引き金は、米国の経済制裁によって引かれたというのは、日本の多くの人々が共有する歴史認識だと思います。国連憲章第7章は、「平和に対する脅威、平和破壊及び侵略行為に関する行動」として、国際平和を維持するための安全保障理事会（安保理）の権限を定めています。安保理は、侵略行為に対して軍事的措置（第42条）を決定できるのですが、その前段階として兵力の使用を伴わない非軍事的措置（第41条）をとることがあります。核兵器を開発した北朝鮮に対して、安保理はこの非軍事的措置をとることを決定しています。これが経済制裁なのです。

隣国の民間の民事裁判の判決が気に食わないからと言って、軍事的措置の一歩手前の経済制裁を日本が隣国に加えるべきだなどという発想は、危険極まりないと言うしかありません。次元が全く違うことなのです。

日本の現状をどう見るか？

残念ながら、日韓関係の悪化はエスカレートする一方です。7月に日本政府は安全保障を理由にして、韓国に対して「ホワイト国」除外と輸出規制強化に踏み切りました。それに対して、韓国では日本製品の不買運動が起こりました。さらに8月には、韓国政府は日韓の軍事情報包括保護協定（ＧＳＯＭＩＡ）を破棄するに至りました。すると今度は、日本のメディアが曺国《チョグク》氏のスキャンダルを連日取り上げ、文在寅政権への批判は止みそうにありません。

地域の平和の維持のためには、良好な国際関係を維持する必要があるのです。にもかかわらず、このような過激な主張がインターネット空間に飛び出し、それが他のメディアにも飛び火し拡大するという日本の現状はどう分析すればよいのでしょうか。

このエスカレートぶりを図式化して見ましょう。

大法院判決⇒強制執行⇒安倍発言⇒その他の国家間問題との連結⇒韓国への「経済制裁」議論⇒韓国の反発⇒韓国の政権批判、という具合です。民間の民事事件の大法院判決から、一気に韓国への「経済制裁」、政権批判まで急激な発想の飛躍があるのです。

しかし、先に見たサイトはまだよい方で、特別に過激というわけではありません。そのあとに続くサイトを見ていくと、もっとずっと激烈な言葉をふんだんに盛り込んでいるサイトが少なくないことがわかります。ここで引用するのもためらわれます。

紙数の関係もありますので、詳細は省略しますが、目立つためには、より過激に、さらに過激にと表現が過熱してゆくのです。問題の根は、安倍発言の過激さにあります。それは、国際的な過激発言を繰り返せば選挙で票を伸ばすことができるという体験に裏付けられた政治的目的から出ている可能性があるのです。ですから、日本政府が冷静な対応をするように変わることはあまり期待できないでしょう。

さらによく見ると、すでに一年が経とうというのに、発端となった肝心の大法院判決が何を言っているのかを冷静に分析した新聞記事やウェブサイトは本当に少ないのです。大法院判決を冷静に分析したうえでの批判はありうるでしょう。しかし大法院判決は韓国政府によっても変えることのできないものです。にもかかわらず、その内容を吟味すらせずに、やみくもに反感だけを他の問題に飛び火させ、次から次へと韓国政府への批判をエスカレートさせているように見えるのです。これでは、良好な国際関係を維持・発展させることはできません。とても危険な現象だと思います。

日韓の友好関係の発展を願う筆者は、この危機を克服する必要があると思うのです。この事態を機に、日韓関係を改善するチャンスに変える逆転の発想はないのでしょうか。

2. 日韓関係の危機への対応は可能か?

そもそも、日本政府が、民間の民事訴訟に介入して、この強制執行を止めるよう要求することは妥当な行為なのでしょうか。

韓国大法院判決による日本企業への強制執行

日本政府が韓国側に強硬姿勢を示したために、被告企業もそれに従って損害賠償の支払いを拒否したのかもしれません。そうなると、原告被害者側は、被告の資産を差し押さえる強制執行によって支払いを求める段階に移るしかありません。

２０１９年初めには、「日帝強制動員被害者、戦犯企業の新日鉄住金相手に強制執行へ突入」（ハンギョレ新聞電子版（日本語）２０１９－01－03）と報道する段階になったのです。ハンギョレ新聞によりますと、「昨年10月、韓国最高裁（大法院）の損害賠償判決を日本政府と該当企業が拒否したことに伴う後続措置だ」と報道されました。大法院判決で確定した損害賠償請求（被害者4人にそれぞれ1億ウォン（約１０００万円）ずつ賠償）について新日鉄が韓国に持つ株式の差し押さえの申請書を２０１８年12月31日に大邱《テグ》地方裁判所浦項《ポハン》支所に提出したというのです。

これは、裁判所が受け付けました。「原告2人が大邱地裁浦項支部に申請した同社の韓国内にある資産の差し押さえが3日付で認められた。原告代理人の弁護士が8日、明らかにした。」と報道されました（朝日新聞デジタル２０１９年1月9日）。

韓国は、日本と同様に、司法府の独立を保障する憲法制度を持っていますから、行政府である大統領・政府には、確定判決による強制執行を止める権限はありません。文在寅大統領も万能ではなく、判決を尊重するというしかほかに方法がないのです。日本政府が、それを非難するのには無理があるのです。

予想できた結果だったのに、なぜ対応策がないのか?

実は、この事態は、ずっと前から予想されていたことだったのです。6年も前の2012年5月24日のことですが、韓国の大法院は、二つの重要な判決を言い渡していたのです。原告は、韓国人である強制労働被害者で、被告日本企業は、三菱重工と新日鉄でした。今回の2018年大法廷判決の原型がそっくり明らかになっていたのです。この判決に対して、私は2013年の講演で「この事件について韓国司法府の判例が確立されたとみることができる」として、大法院が、原告敗訴を確定させた「日本判決の受け入れを拒否したことも画期的だが、その論理にも画期性がある」と、大法院判決が持つ意義への理解を日本側に求めました。そして、この講演を基にした論文[1]では、2012年の大法院判決の「大韓民国憲法(前文)の規定に照らしてみるとき、日帝強占期の日本の韓半島支配は規範的観点から不法な強占にすぎず、日本の不法な支配による法律関係のうち、大韓民国の憲法精神と両立しえないものはその効力が排斥される」という判断は、日本のメディアの反発にもかかわらず、私が長年行ってきた日韓の旧条約についての研究成果とも一致する妥当なものであることを説明しました。そのうえで私は、「日本のメディアにも識者にも政府関係者にも一般の方たちにも期待したいこと」としてまず「日本の韓国併合は、不法・無効だった」ことを理解いただいたうえで、「大法院判決の意義を再考し、日韓の和解への道を歩み始めて頂きたいと強く要望したい」と論文を結んだのです。

残念ながら、その願いは届かなかったようです。6年も経ったのに、日本側でも、韓国側でも日韓の和解への道を歩みだす準備ができていなかったのではないかと思います。なぜ、そんなことになってしまったのでしょうか?

韓国側にも責任はなかったか?

被害者側にこんなことを言うのはためらわれます。しかし、このような事態を招いた責任の半ばは、韓国側にもあったと思われるのです。2019年1月12日のことです。「韓国、司法の「積弊」も清算元徴用工問題、前最高裁長官を聴取」(朝日新聞)という重大なニュースが報道されました。

2012年の大法院判決で、事件は原審裁判所(ソウルと釜山の高等裁判所)に差し戻されました。二つの高等裁判所は、大法院の判決に従って、とっくに原告勝訴の判決を言い渡していたのです。差し戻しを受けたソウル高等法院が判決を言い渡したのは、2013年7月10日でした。被告日本企業は、その判決に不服を申し立てて、再度大法院に上告しました。ところが、大法院判決が言い渡されないようにと、韓国政府（朴槿恵前大統領時代）の意向を受けた司法の首脳たちが暗躍していたというのです。その背後には、日本政府・企業側の強い抵抗と韓国の大統領と政府に対する圧力があったのでしょう。朴槿恵前大統領時代のことですが、信じがたい大スキャンダルが起きていたのです。同じことが日本で起きたと仮定してみるとわかりやすいでしょう。司法の独立を侵害したと、大騒動になっていたことは間違いないでしょう。

それが、「ロウソク革命」で、文在寅《ムンジェイン》大統領の政権ができたために、すっかり状況が変わりました。大法院の審理を妨害する勢力が権力中枢から退場したのです。そのため、やっと大法院の審理が進み出し、2018年10月になって最終的な判決が言い渡されたというのです。重要な事件ですから、もっと詳しく、前記の新聞報道を以下に引用してみます。もちろん、これ

1　戸塚悦朗「こじれた日韓関係　和解への道を探る！――強制連行・「慰安婦」問題についての韓国の判決を手掛かりに」（李洙任・重本直利共編『共同研究　安重根と東洋平和――東アジアの歴史をめぐる越境的対話』明石書店、2017年）。

は捜査の途中経過ですから、確定的な事実とは言いきれないでしょう。しかも、新聞報道の範囲ですから、その点もご了解ください。

「ソウル中央地検は11日、元徴用工らの訴訟を遅らせた職権乱用などの疑いで大法院（最高裁）の梁承泰《ヤンスンテ》前院長（70）を聴取した。大法院長（長官）経験者が聴取されたのは初めて。与野党の一部は関係判事の弾劾《だんがい》も求めている。文在寅《ムンジェイン》政権は、政財界や社会に残る弊害を意味する「積弊」の清算を進めており、司法界にも及んだ形だ。検察は、朴槿恵《パククネ》前政権が日韓関係のさらなる悪化を懸念し、２０１３年から14年にかけて、梁氏ら大法院関係者と訴訟の進行を遅らせる協議を行ったとみている。元徴用工の訴訟をめぐっては13年に高裁判決が出た後、大法院は昨年10～11月まで5年にわたって判決を出していなかった。梁氏は11日午前、聴取を受ける前に記者団に対し、容疑を認めない考えを示した。検察関係者によれば、梁氏は11日の聴取で、「記憶にない。実務者の仕事には関知していない」と述べ、改めて容疑を全面否定した模様だ。事件をめぐっては昨年、大法院が前政権の意向をくんで元徴用工訴訟の進行を遅らせた容疑で前法院行政処次長が逮捕され、前大法官（最高裁判事）2人が事情聴取された。元徴用工らの問題について日本と交渉した外交省や、日本企業から相談を受けた韓国の弁護士事務所も家宅捜索された。与党と一部の野党は、事件に関与した判事らの弾劾を検討。昨年11月19日に開かれた全国の裁判官代表会議で、司法の内部からも関係判事の弾劾を求める声が上がるなど混乱が続いている。11月末には、金命洙《キムミョンス》大法院長の車に火炎瓶が投げつけられる事件も起きた。日本は9日、日韓請求権協定に基づく日韓協議の開催を韓国に申し入れた。双方は協議開始をめぐる意見交換をする見通しだが、韓国内の強硬な世論も影響し、韓国が協議に応じるめどは現時点では立っていない。(ソウル＝牧野愛博)」

韓国の司法府は、日韓政府のはざまでもみくちゃにされて本来の機能を果たせず、ほとんど機能停止してしまいそうになっていたのです。とうとう前大法院長が職権乱用の罪の疑いで拘束されるという事態にまで発展しました。そのために、２０１２年に訪れた日韓和解への道を開くチャンスを逃したのです。日本政府の圧力が原因だったとしても、職権乱用による大法院判決の不法な遅滞という司法権の独立を侵す異例な事件が起きていたのです。そのため、２０１９年の今日に至るまで日韓の和解への道がふさがれてしまい、高齢の人権侵害の被害者たちへの救済を停滞させるという結果になったのです。

民間の民事事件の解決は可能か？

韓国では大統領はじめ行政府は、三権分立の立場から、司法の判断を尊重するとしています。

中国人被害者と日本企業の間では、民間の民事訴訟の判決を契機にして、和解で解決していま す。それをモデルにして、日本政府、企業・財界、メディア、市民は、韓国人被害者の場合も民間の民事事件の解決への道をひらくことができないでしょうか。2018年大法院判決は、その契機にならないのでしょうか?

元徴用工の韓国大法院判決に対する日本の弁護士有志声明(2018年11月5日)(巻末資料1)が出されています。これには、2019年1月19日現在で弁護士を中心に研究者も含め298名が署名しています。この弁護士有志声明は、その末尾で、次のように呼びかけています。

4 日韓両国が相互に非難しあうのではなく、本判決を機に根本的な解決を行うべきである

本件の問題の本質が人権侵害である以上、なによりも被害者個人の人権が救済されなければならない。それはすなわち、本件においては、新日鉄住金が本件判決を受け入れるとともに、自発的に人権侵害の事実と責任を認め、その証として謝罪と賠償を含めて被害者及び社会が受け入れることができるような行動をとることである。

例えば中国人強制連行事件である花岡事件、西松事件、三菱マテリアル事件など、訴訟

を契機に、日本企業が事実と責任を認めて謝罪し、その証として企業が資金を拠出して基金を設立し、被害者全体の救済を図ることで問題を解決した例がある。そこでは、被害者個人への金員の支払いのみならず、受難の碑ないしは慰霊碑を建立し、毎年中国人被害者等を招いて慰霊祭等を催すなどの取り組みを行ってきた。

新日鉄住金もまた、元徴用工の被害者全体の解決に向けて踏み出すべきである。それは、企業としても国際的信頼を勝ち得て、長期的に企業価値を高めることにもつながる。韓国において訴訟の被告とされている日本企業においても、本判決を機に、真の解決に向けた取り組みを始めるべきであり、経済界全体としてもその取り組みを支援することが期待される。

日本政府は、新日鉄住金をはじめとする企業の任意かつ自発的な解決に向けての取り組みに対して、日韓請求権協定を持ち出してそれを抑制するのではなく、むしろ自らの責任をも自覚したうえで、真の解決に向けた取り組みを支援すべきである。

私たちは、新日鉄住金及び日韓両政府に対して、改めて本件問題の本質が人権問題であることを確認し、根本的な解決に向けて取り組むよう求めるとともに、解決のために最大限の努力を尽くす私たち自身の決意を表明する。

日本の多数の弁護士や学者有志からの根本的解決を求める呼びかけは、説得力があるように思われます。日本のメディアの大法院判決の受け止め方は、２０１２年には、嫌韓一色でした。２０１８年のメディアは、前よりも、少し柔軟な報道になってきているように思ったのです。私の印象にすぎないでしょうか。この声明の呼びかけの成果も影響しているかもしれません。今後、この呼びかけに、より広い支持が広がることを期待します。

そうすれば、大法院判決に力づけられて重大人権侵害の被害者たちの救済という困難な問題も解決できるでしょう。

3．まずは、大法院判決を読むことから

このような呼びかけに応え、逆転の発想を可能にするために、私は、まず本書の執筆を思いたちました。日韓の友好と和解への道を探すためには、状況を的確に把握することが必要ではないかと考えたからです。

大法院は、何を言おうとしているのでしょうか？　まずは判決を読んでいただき、その真意を知るところから始めてはどうでしょうか。日本では、その内容が合理的なものなのか、判断に迷う方も少なくないでしょう。その内容は、日本の「植民支配の不法性」を判示するなど、日本社会には衝撃的であることは間違いありません。大法院判決には、日本の人々に歴史認識の大転換を迫る部分があるからです。ところが、大法院の判断は、その重要な部分で、私の長年の法的研究成果と重なる部分があるのです。そこに着目すれば、大法院判決の内容は、合理的で、説得力がある部分も少なくないと感じられるのです。なぜ筆者がそう感じるのかを、重要な点に絞って、説明したいと思います。

そうは言っても、ここで述べようとしていることを、「これこそが真実だ」と言うつもりはありません。それは、私なりに正しいと考えている理解の仕方ですが、歴史や国際法などについての一人の研究者の見方にすぎません。反対の見方も多々あるでしょう。ですから、「独自の見解」と思われる読者も少なくないでしょう。論旨をご理解いただきたいとは思いますが、必ずしも私の立場に賛同していただく必要はありません。これからも、多くの方々と議論を重ねて考え、さらに研究を深めていきたいと思います。

まず少し詳しく韓国大法院の判決を一緒に読みながら、私の理解の仕方をご紹介しようと思います。

「こんな理解の仕方もあったのか！」という読み方をされる方もあるなら、それだけでもありがたいと思います。これまでとは違った見方に触れて、じっくりと考えていただければ幸いです。もしかすると、読者の皆さんが問題を複眼的な視点で見つめ直していただく、助けになるかもしれないと思うのです。そうすると、問題を立体的に理解できるようになり、新たな発見があるかもしれません。

そのような複眼的な理解の仕方は、冷静な対応を可能にするでしょう。それが、こじれ切った当面の日韓関係の危機をのりこえることを可能にするかもしれません。あるべき和解の実現に向かって、日韓の人々がどのように協力できるか、その方法を議論できるようになるでしょう。そうすれば、長期的には、この危機が未来の日韓の和解を実現する道を歩みだすチャンスにつながるかもしれません。

勇気を出してこの危機を克服できれば、日韓の関係を好転させる好機とすることができるかもしれないのです。そのようなポジティブな希望を持ち続けたいと思います。

第1章　大法院判決を読む

韓国の大法院が何を言っているのかを知ることが課題です。そうすると、まず初めに、判決を読むことから始める必要が出てきます。

「韓国戦後補償総覧」というホームページ（http://justice.skr.jp/koreajudgements/12-5.pdf）にこの判決（大法院２０１８年10月30日判決）の日本語訳（仮訳）が掲載されています。訳者（３名）には、長年戦後補償裁判で活躍してきたベテランの山本晴太弁護士が加わっていますので、法律的な部分についても信頼ができる翻訳だと思います。次の判決の翻訳から相当長文の引用をさせていただきますが、訳者の方々のご容赦をお願いする次第です。

２０１８・10・30新日鉄住金事件大法院判決

事件　２０１３다６１３８１　損害賠償（기）　原告、被上告人　亡訴外人の訴訟受継人原

告1外5名原告2外2名　被告、上告人　新日鉄住金株式会社　差戻判決 大法院2012年5月24日宣告 2009다68620判決 原審判決 ソウル高等法院2013年7月10日宣告 2012나44947判決 判決宣告 2018年10月30日。

主文 上告を全て棄却する。

被告、上告人新日鉄住金株式会社の上告が棄却されました。その結果、被害者である原告、被上告人の訴えを認めた、ソウル高等法院判決（2013年7月10日言い渡し）が確定したのです。

それでは、原告・被害者が求めた請求はどのような性質のものなのでしょうか？ 大法院は、「原告らの損害賠償請求権は日本政府の韓半島に対する不法な植民支配および侵略戦争の遂行と直結した日本企業の反人道的な不法行為を前提とする強制動員被害者の日本企業に対する慰謝料請求権」であると言っています。

この鍵になる判断だけを見ても、この大法院判決の歴史認識と法的判断は、日本の人々には驚天動地のことだと感じられるでしょう。「何を言っているのか訳がわからない」と思うかもしれません。それは、この判断が、これまでの日本政府、メディア、一般社会の常識とかけ離れているからです。この判断を理解するためには、歴史だけでなく、法的な側面をも知る必要があります。そのような基本情報がないと、考えを整理できないでしょう。それも、１９０５年当時の歴史と国際法ばかりでなく、それ以降の国際法の発展の歴史を順次研究する必要があります。

さらにわからなくなるのは、そのような問題があるとしても、すべて「解決済み」という主張が日本には根強くあって、定着しているからです。安倍首相は、国会で、元徴用工の個人賠償請求権は日韓請求権協定により「完全かつ最終的に解決している」としたうえで、本判決は「国際法に照らしてあり得ない判断」であり、「毅然として対応していく」と言っています。保守派の論客と外務省の専門家の説明ばかりを聞いてきた安倍首相には、大法院判決の論理は受け入れがたいでしょう。しかし、この反論は、国際法の正確な理解に基づいているのでしょうか?

これに対して、韓国の文在寅大統領は、三権分立の立場を強調して、大法院判決を尊重するとしています。日韓政府は、水と油のような対応をしているのです。

しかし、理解をするための手がかりはあります。大法院判決も、安倍首相も、双方とも、

「国際法」の解釈に基づく判断を主張しているのです。ですから、まずは、国際法の検討から始めるのがよいだろうと思います。

何が大事なのか、大法院判決の論理的な順序に沿って、私がポイントと感じたことを3点あげてみます。まずは、（1）事実関係の認定がどのようなものなのか。次は、（2）日本の裁判となぜ結論が違うのか、という問題があります。そして、（3）安倍首相が強調する日韓請求権協定で解決済みなのか、それとも未解決なのか、という問題があります。それぞれについての大法院判決の判断の理由の主要部分を抜粋し、私なりの解説をつけてみましょう。

長すぎて読み切れないと思う方は、大法院広報官室が発表した報道資料[2]（巻末資料2）を読まれるとよいかもしれません。要点を、要領よくまとめていますので、わかりやすいでしょう。以下で筆者が取り上げているのは、判決の重要部分に限っています。ですから、判決の全体像を簡略に知りたいという方には、鳥観図的な説明をしている巻末の報道資料を読むことをお勧めします。全体像を知ると、大法院が日本側の主張すべてに丁寧に応答していることがわかります。決して無視しているわけではないのです。

1．事件の内容

どんな事実関係が問題とされたのか？

大法院判決が認めた事実関係の判断は、かなり長いのです。その基本的事実関係部分を引用してみます。これを、一段一段順次読み進めることで、事件の全容を把握することができます。また、原告がどのような被害を受けたのかについても読者の理解を助けるでしょう。法的な事実関係は、理解がむずかしいかもしれません。法学部に入学したての学生時代に、判例を読む課題で苦労したことを思い出します。ある程度わかればそれでよしとして、まずは、判決文を読んでみてください。

1．基本的事実関係

差戻し前後の各原審判決及び差戻判決の理由と差戻し前後の原審が適法に採用した各証拠

2　大法院２０１３다６１３８１損害賠償（기）事件報道資料（巻末資料２）

によれば次のような事実が認められる。

として大法院が認めた事実は、以下のような歴史的事実関係です。1910年8月22日の韓国併合から1945年8月15日の無条件降伏までの間の35年間にわたる植民地支配の歴史の中で、本事件に関係のあることがらを簡潔にまとめています。大法院判決の歴史認識の基本を知るために、重要な部分と言えるでしょう。

ア　日本の韓半島侵奪と強制動員など

日本は1910年8月22日の韓日合併条約以後、朝鮮総督府を通じて韓半島を支配した。日本は1931年に満州事変、1937年に日中戦争を引き起こすことによって次第に戦時体制に入り、1941年には太平洋戦争まで引き起こした。日本は戦争を遂行する中で軍需物資生産のための労動力が不足するようになると、これを解決するために1938年4月1日「国家総動員法」を制定・公布し、1942年「朝鮮人内地移入斡旋要綱」を制定・実施して韓半島各地域で官斡旋を通じて労働力を募集し、1944年10月頃からは「国民徴用令」によって一般韓国人に対する徴用を実施した。太平洋戦争は1945年8

月６日に日本の広島に原子爆弾が投下された後、同15日、日本国王がアメリカをはじめとする連合国に無条件降伏を宣言することにより終結した。

この部分では、大法院判決は、個別被害認定の大前提としての時間枠を明らかにしています。判決はここで、１９１０年８月22日から１９４５年８月15日までの歴史的な時間枠を取り上げています。この35年間の期間は、言うまでもなく、日本が韓半島とその人々を植民地支配した時期です。大法院判決が判断の対象としようとしているのは、まさにこの植民地支配そのものであることを冒頭で明らかにしているのです。そして、その歴史的時間枠の中で、原告ら徴用工たちを戦時動員するために、日本がどのような法制度を定めたのかの骨子を認定しています。そうすることで、日本による植民地支配と原告ら徴用工とがどのように結びつくのかの関係を明らかにしているのです。

それでは、大法院判決は、被害者・原告がどのような具体的な被害を受けたと認めたのでしょうか。被害者の個人史に関わる被害認定がこの後で明らかにされています。「原告らの損害賠償請求権は日本政府の韓半島に対する不法な植民支配および侵略戦争の遂行と直結した日本企業の反人道的な不法行為を前提とする強制動員被害者の日本企業に対する慰謝料請求権」と大法院が要約した判決の中身になる具体的な事実関係です。

まず、被害者らに共通する事実関係を認定しています。

イ　亡訴外人と原告2、原告3、原告4（以下「原告ら」という）の動員と強制労動被害及び帰国の経緯

読者のなかには、被害者原告たちがどのような人たちか知りたいと思う方も少なくないでしょう。しかし、判決には、被害者たちの氏名は明らかにされていませんので、このような記載のまま読み進んでください。

（1）原告らは1923年から1929年の間に韓半島で生まれ、平壌、保寧、群山などに居住していた人々であり、日本製鉄株式会社（以下「旧日本製鉄」という）は1934年1月頃に設立され、日本の釜石、八幡、大阪などで製鉄所を運営していた会社である。

（2）1941年4月26日、基幹軍需事業体である旧日本製鉄をはじめとする日本の鉄鋼生産者らを総括指導する日本政府直属の機構である鉄鋼統制会が設立された。鉄鋼統制

会は韓半島で労務者動員を積極的に拡充することにして、日本政府と協力して労務者を動員し、旧日本製鉄は社長が鉄鋼統制会の会長を歴任するなど鉄鋼統制会で主導的な役割を果たした。

（3）旧日本製鉄は1943年頃平壌で大阪製鉄所の工員募集広告を出したが、その広告には大阪製鉄所で2年間訓練を受ければ技術を習得でき、訓練終了後には韓半島の製鉄所で技術者として就職できると記載されていた。

読者のなかには、このような徴用工の人たちの被害実態について詳しい方もあるでしょう。そのような方は既にご承知のことばかりかもしれません。日本では、韓半島からの戦時労働者の動員の研究が相当進んでいます。朴慶植《パクキョンシク》『朝鮮人強制連行の記録』（未来社、1965年）がそのパイオニア的な研究書だったことは、よく知られています。その後、多数の研究者・研究グループによる膨大な調査・研究が積みかさねられてきています。それらすべてをここにあげることはできません。問題は、日本の植民地支配期に日本に来たほとんどの労働者が強制連行・強制労働の被害者だったのかどうかですが、そう言い切るのには無理がありましょう。多数の労働者がより良い仕事を求めて朝鮮半島から日本に任意に（＝本人の自由意思に基づいて）移住してきたことも事実だからです。

しかし、だからと言って、国民徴用令による朝鮮半島からの労務動員以外は、すべて任意に渡航して来た人びとだと主張するのもまた適当ではありません。「募集」、「官斡旋」によって移入された朝鮮人労働者も任意に日本へ移入されたとは言えないのです（外村大『在日コリアンと強制連行――１９５９年発表の「外務省資料」をめぐる議論に関連して』２０１０年４月19日、２０１９年4月28日閲覧、http://sumquick.com/tonomura/note/100419.html）。任意でない産業労働は、強制労働としてＩＬＯ29号強制労働条約（１９３０年）に違反するとＩＬＯ専門家委員会が日本政府に勧告していることに留意する必要があります（戸塚悦朗『ＩＬＯとジェンダー』日本評論社、２００６年）。

いずれにしても、具体的に個々の場合に即して判断するのが適当です。注目すべきなのは、大法院判決で認定されたのと同じような事実認定が日本の裁判所でもなされているという指摘があることです（日弁連主催、２０１９年４月20日国際人権学術シンポジウム「戦争および植民地支配下の人権侵害の回復と平和構築に向けて――国際人道法・国際人権法と植民地責任の視点から考える」）。

被害者らの被害事実は個別にちがうのですが、それはどのように認定されているのでしょうか。まず、「亡訴外人と原告2」について大法院判決が認めた事実は、どのようなものだったのかを見てみましょう。

亡訴外人と原告2は1943年9月頃上記広告を見て、技術を習得して我が国で就職できるという点にひかれて応募し、旧日本製鉄の募集担当者と面接して合格し、上記担当者の引率下に旧日本製鉄大阪製鉄所に行き、訓練工として労役に従事した。亡訴外人と原告2は大阪製鉄所で1日8時間の3交代制で働き、ひと月に1、2次程度外出を許可され、ひと月に2、3円程度の小遣を支給されたのみで、旧日本製鉄は賃金全額を支給すれば浪費する恐れがあるという理由をあげ、亡訴外人と原告2の同意を得ないまま彼ら名義の口座に賃金の大部分を一方的に入金し、その貯金通帳と印鑑を寄宿舎の舎監に保管させた。亡訴外人と原告2は火炉に石炭を入れて砕いて混ぜたり、鉄パイプの中に入って石炭の燃え滓をとり除くなど、火傷の危険があり技術習得とは何ら関係がない非常につらい労役に従事したが、提供される食事の量は非常に少なかった。また、警察官がしばしば立ち寄り、彼らに「逃亡しても直ぐに捕まえることができる」と言い、寄宿舎にも監視者がいたため、逃亡を企てることもできず、原告2は逃亡したいと言ったことが発覚し、寄宿舎の舎監から殴打され、体罰を受けたこともある。そのような中で日本は１９４４年２月頃から訓練工たちを強制的に徴用し、それ以後は亡訴外人と原告２に何らの対価も支給しなくなった。大阪製鉄所の工場は１９４５年３月頃にアメリカ合衆国軍隊の空襲で破壊され、この時訓練工らのうちの一部は死亡し、亡訴外人と原告を含む他の訓練工らは１９４５年６月頃、咸鏡道清津に建設中の製鉄所に配置されて清津に移動した。亡訴外人と原告２は寄宿舎の舎監に日本で働いた賃金が入金された貯金通帳と印鑑を引渡せと要求したが、舎監は清津到着後も通帳と印鑑を返さず、清津で一日に12時間もの間工場建設のための土木工事に従事したにもかかわらず賃金は全く支給されなかった。亡訴外人と原告２は１９４５年８月頃、清津工場がソ連軍の攻撃により破壊されると、ソ連軍を避けてソウルに逃げ、ようやく日帝から解放された事実を知った。

亡訴外人と原告2は、「大阪製鉄所で2年間訓練を受ければ技術を習得でき、訓練終了後には韓半島の製鉄所で技術者として就職できると記載されていた」広告を信じて、応募し、結局「技術習得とは何ら関係がない非常につらい労役に従事」させられたというのです。これは、現在の外国人技能実習生の境遇を彷彿とさせます。日本の産業文化には同じような構造が残っているのでしょう。しかし、大法院判決を読めば、戦時の徴用工の被害実態はそれ以上の非人道的な処遇だったことは、歴然としています。

「原告3」が受けた被害事実について、大法院判決が認めた事実は、また少し違います。どのような違いがあったのでしょうか。以下に大法院判決が認めた事実をあげてみましょう。

（4）原告3は1941年に大田市長の推薦を受け報国隊として動員され、旧日本製鉄の募集担当官の引率によって日本に渡り、旧日本製鉄の釜石製鉄所でコークスを溶鉱炉に入れ溶鉱炉から鉄が出ればまた窯に入れるなどの労役に従事した。上記原告は、酷いほこりに苦しめられ、溶鉱炉から出る不純物につまずいて転び、腹部を負傷して3ヶ月間入院したこともあるが、賃金を貯金してやるという話を聞いただけで、賃金を全く支給されなかった。労役に従事している間、最初の6ヶ月間は外出が禁止され、日本憲兵たちが半月に一次ずつ来て人員を点検し、仕事に出ない者には仮病だと言って足蹴にしたりした。上記原告は1944年になると徴兵され、軍事訓練を終えた後、日本の神戸にある部隊に配置され、米軍捕虜監視員として働いていたところ解放になり帰国した。

原告3は、「1941年に大田市長の推薦を受け報国隊として動員され、旧日本製鉄の募集担当官の引率によって日本に渡」ったのです。日本に渡った経緯のなかで、官庁が関与し、「報国隊として動員され、旧日本製鉄の募集担当官の引率によって日本に渡った」のですから、広告に騙されて日本に渡った原告2らとは事情が違います。しかし、日本に渡ってからの悲惨な労働被害実態は、まさに非人道的な点で同様でした。

「原告4」について大法院判決が認めた事実は、どのようなものでしょうか。以下を読んでみてください。他の原告被害者同様、非人道的な扱いを受けていることがわかります。

(5) 原告4は1943年1月頃、群山府(今の群山市)の指示を受けて募集され、旧日本製鉄の引率者に従って日本に渡り、日本製鉄の八幡製鉄所で各種原料と生産品を運送する線路の信号所に配置され、線路を切り替えるポイント操作と列車の脱線防止のためのポイントの汚染物除去などの労役に従事したが、逃走して発覚し、約7日間ひどく殴打され、食事も与えられなかったこともあった。上記原告は労役に従事する間賃金を全く支給されず、一切の休暇や個人行動を許されず、日本の敗戦後、帰国せよという旧日本製鉄の指示を受けて故郷に帰って来ることになった。

サンフランシスコ平和会議での戦後処理

その後の歴史経過も重要です。〈**戦後処理の枠組み**〉については、大法院判決はどのように見ているのでしょうか。日本との関係では、サンフランシスコ平和会議などで、戦後処理がなされました。しかし、大韓民国はこの会議に招かれませんでした。戦後米軍によって統治された韓国の国民である被害者とのかかわりが問題になります。以下の判断を見てみましょう。

ウ　サンフランシスコ条約締結など

太平洋戦争の終結後、米軍政当局は１９４５年12月６日に公布した軍政法令第33号により在韓日本財産をその国有・私有を問わず米軍政庁に帰属させ、このような旧日本財産は大韓民国政府樹立直後の１９４８年９月20日に発効した「大韓民国政府及びアメリカ政府間の財政及び財産に関する最初協定」によって大韓民国政府に移譲された。

「在韓日本財産」が終戦直後に米軍政庁に接収され、その後韓国政府に移譲されたということを述べています。なぜ、「在韓日本財産」の韓国での戦後処理が問題になるのでしょうか。

日本政府は、日韓交渉に際して、韓国への支払いを最小限に圧縮するための理屈として、「在韓日本財産」を活用したことからこれが重要になるのです。日本の主張はこうです。「在韓日本財産」が膨大に残っていて、韓国から日本が返してもらえるはずの財産がたくさんある。だから、仮に韓国へ日本が相当額の支払いをしなくてはならないとしても、差し引きすれば、相殺によって金額が減るはずだという理屈を強調したのです。日本政府は韓国が求める植民地支配の責任や賠償については顧慮せず、あくまで財産権の処理に集中していたことを示す事実でもあります。ですから、大法院判決としても、結局「在韓日本財産」がどうなったのかを検討しておく必要があるわけです。「在韓日本財産」は、そののち1951年のサンフランシスコ平和条約によって、以下のとおり処理されたのです。

アメリカなどを含む連合国48ヶ国と日本は、1951年9月8日に戦後賠償問題を解決するためサンフランシスコで平和条約（以下「サンフランシスコ条約」という）を締結し、上記条約は1952年4月28日に発効した。サンフランシスコ条約第4条（a）は日本の統治から離脱した地域の施政当局及びその国民と日本及びその国民の間の財産上の債権・債務関係は上記当局と日本の間の特別取極により処理するという内容を、第4条（b）は日本は上記地域で米軍政当局が日本及びその国民の財産を処分したことを有効と認めるという内容を定めた。

「在韓日本財産」については、日本は、サンフランシスコ条約の第4条（b）で韓国の米軍政当局が日本及びその国民の財産を処分し、大韓民国政府に移譲したことを有効と認めたのです。これが1951年のことですから、その後である1965年には、大韓民国政府に移譲された「在韓日本財産」を交渉に使うことはできなくなっていたはずなのです。

日本との関係ではさらに難しい問題があります。サンフランシスコ条約第4条（a）は日本の統治から離脱した地域の施政当局の一つであった韓国政府及びその国民と日本及びその国民の間の財産上の債権・債務関係は、韓国政府と日本の間の特別取極により処理すると決めていました。ですから、日本は、日韓交渉でこの第4条（a）にもとづいて、韓国と交渉することになったのです。

通ることはできません。大法院判決は、この問題でどのような事実関係を認定したのでしょうか。

その結果締結された1965年の〈**日韓請求権協定と被害者個人の請求権の問題**〉を避けて

請求権協定締結の経緯と「韓国の対日請求要綱8項目」の範囲

エ　請求権協定締結の経緯と内容等

（1）大韓民国政府と日本政府は1951年末頃から国交正常化と戦後補償問題を論議した。1952年2月15日に第1次韓日会談本会議が開かれ関連論議が本格的に開始されたが、大韓民国は第1次韓日会談当時「韓・日間財産及び請求権協定要綱8項目」（以下「8項目」という）を提示した。8項目の中の第5項は「韓国法人または韓国自然人の日本銀行券、被徴用韓国人の未収金、補償金及びその他請求権の弁済請求」である。その後7回の本会議と、このための数十回の予備会談、政治会談及び各分科委員会別会議などを経て1965年6月22日に「大韓民国と日本国間の基本関係に関する条約」と、その付属協定である「大韓民国と日本国間の財産及び請求権に関する問題の解決と経済協力に関する協定」（条約第172号、以下「請求権協定」という）などが締結された。

安倍首相が「徴用工問題は1965年の日韓請求権協定で完全に解決済みだとの立場」を強硬に主張するのは、何を根拠にしているのでしょうか。それは、ここで大法院判決が要約している1965年日韓基本条約と日韓請求権協定であり、なかでも、韓国側が提示した「韓・日間財産及び請求権協定要綱8項目」（いわゆる「8項目」）が問題の焦点になっているのです。その中でも重要なのが、「8項目の中の第5項は「韓国法人または韓国自然人の日本銀行券、被徴用韓国人の未収金、補償金及びその他請求権の弁済請求」である。」という部分です。

ここで、「被徴用韓国人の未収金、補償金及びその他請求権の弁済請求」が出てくることに注目してください。ここでは、大法院判決は、1951年から1965年までの日韓交渉のなかでこれが最重要の問題であることを簡略に提示しているのです。

（2）請求権協定は前文で「大韓民国と日本国は、両国及び両国国民の財産と両国及び両国国民間の請求権に関する問題を解決することを希望し、両国間の経済協力を増進することを希望して次のとおり合意した」と定めた。第1条で「日本国が大韓民国に10年間にわたって3億ドルを無償で提供し、2億ドルの借款を行うことにする」と定め、続いて第2条で次のとおり規定した。

1　両締約国は、両締約国及びその国民（法人を含む）の財産、権利及び利益並びに両締約国及びその国民の間の請求権に関する問題が、1951年9月8日にサンフランシスコ市で署名された日本国との平和条約第四条（a）に規定されたものを含めて、完全かつ最終的に解決されたこととなることを確認する。

（このあとの2項～3項については、煩瑣ですから、省略します。）

この部分は、大法院判決の法律論の大前提を示す部分ですから、注目すべきです。ここで日韓請求権協定は、①その1条で日本側が韓国側に3億ドル（無償）の提供及び2億ドルの借款を行うことを約束したこと、②その性質は、協定前文からわかるとおり、「経済協力」であったことを認定しています。③協定2条1項で、「完全かつ最終的に解決されたこととなることを確認」しているのですが、④解決されたことになるのは、「財産、権利及び利益」並びに「両締約国及びその国民の間の請求権に関する問題」であることを定めています。

これだけでは、何のことなのかよくわからないかもしれません。さらに読み進む必要がありますが、いよいよ問題の核心に近づいてきました。

（3）請求権協定と同日に締結され1965年12月18日に発効した「大韓民国と日本国間の財産及び請求権に関する問題の解決と経済協力に関する協定に対する合意議事録（I）」（条約第173号、以下「請求権協定に対する合意議事録（1）」という）は、請求権協定第2条について次のとおり定めた。

（a）「財産、権利及び利益」とは、法律上の根拠に基づき財産的価値を認められるすべての種類の実体的権利をいうことが了解された。

（e）同条3により執られる措置は、同条1にいう両国及びその国民の財産、権利及び利益並びに両国及びその国民の間の請求権に関する問題の解決のために執られるべきそれぞれの国の国内措置ということに意見の一致をみた。

（g）同条1にいう完全かつ最終的に解決されたこととなる両国及びその国民の財産、権利及び利益並びに両国及びその国民の間の請求権に関する問題には、韓日会談において韓国側から提出された「韓国の対日請求要綱」（いわゆる8項目）の範囲に属するすべての請求が含まれており、したがって、同対日請求要綱に関しては、いかなる主張もなし得ないこととなることが確認された。

請求権協定第2条は、「完全かつ最終的に解決されたこととなることを確認」しているのですが、これだけでは不十分と思われたのでしょうか。「大韓民国と日本国間の財産及び請求権に関する問題の解決と経済協力に関する協定に対する合意議事録（1）」が重ねて締結されたというのです。「請求権協定に対する合意議事録（1）」は、完全かつ最終的に解決されたこととなる両国及びその国民の財産、権利及び利益並びに両国及びその国民の間の請求権に関する問題とは何か、その中身をさらに明確にしようとしたのです。

具体的には、韓国側から提出された「韓国の対日請求要綱」（いわゆる8項目）の範囲に属するすべての請求が含まれていることが確認されています。ですから、8項目に含まれていた「韓国法人または韓国自然人の日本銀行券、被徴用韓国人の未収金、補償金及びその他請求権の弁済請求」の問題は、完全かつ最終的に解決されたこととなったわけです。

しかし、この「被徴用韓国人の未収金、補償金及びその他請求権の弁済請求」には、被徴用韓国人に関わるすべての問題が含まれていたとは書かれていないのです。「未収金、補償金及びその他の請求権」とは何かについては、解釈によって内容を定めることが必要になってきます。「(及び)その他」と書かれていれば、すべてであると言えるのでしょうか。とりわけ、ＩＬＯ29号強制労働条約違反のような多国間条約違反(国際犯罪であることに注意)の人権侵害も含まれていたのか、が問題になります。さらに、植民地支配の不法性や違法な戦争に直結する慰謝料請求権まで含まれていたのかどうかが大問題なのです。そうした問題は、８項目とは全く性質が違うのではないか、というのが基本的な判断の分かれる問題になります。

そして、そのうえで、「同対日請求要綱に関しては、いかなる主張もなし得ないこととなる」と確認されているのです。それでは、「いかなる主張もなしえない」が意味するのはどういうことでしょうか。個人の請求権を消滅させるという意味でしょうか。日本政府は、そうではなく、外交保護権という国家の権利を韓国政府が放棄することだというのです。なぜなら、政府と個人は違うから、個人の権利を政府が勝手になくしてしまうことはできないからです。それでは、被害者個人が裁判に訴える権利はなくなっていないのでしょうか。あるいは、裁判上の請求を実現する権利がなくなるという考え方もあります。いくつかの可能性のうち、大法院はどのような判断をしたのでしょうか。

請求権協定締結後の両国の国内措置

この問題を考えるにあたって、大法院は、請求権協定締結の後、日韓両国は請求権についてどのような国内措置を取ったのかを見ようとします。大法院判決は両国の国内措置を次のように認定しています。

オ　請求権協定締結による両国の措置

（1）請求権協定は1965年8月14日に大韓民国国会で批准同意され、1965年11月12日に日本衆議院、1965年12月11日に日本参議院で批准同意された後、まもなく両国で公布され、両国が1965年12月18日に批准書を交換することによって発効した。

請求権協定は、両国の国会で批准同意され、批准書が1965年12月18日に交換され、発効しました。その後、韓国では請求権協定を実現するための国内立法がなされました。

（2）大韓民国は、請求権協定によって支給される資金を使用するための基本的事項を定めるために１９６６年2月19日、「請求権資金の運用及び管理に関する法律」（以下「請求権資金法」という）を制定し、続いて補償対象となる対日民間請求権の正確な証拠と資料を収集するのに必要な事項を規定するため、１９７１年1月19日に「対日民間請求権申告に関する法律」（以下「請求権申告法」という）を制定した。ところで、請求権申告法では強制動員関連被害者の請求権については「日本国によって軍人・軍属または労務者として召集または徴用され、１９４５年8月15日以前に死亡した者」のみに限って申告対象とした。その後大韓民国は請求権申告法によって国民から対日請求権申告を受け付け、現実に補償を執行するために１９７４年12月21日、「対日民間請求権補償に関する法律」（以下「請求権補償法」という）を制定し、１９７７年6月30日までに８３５１９件に対して合計91億８７６９万３０００ウォンの補償金（無償提供された請求権資金３億ドルの約９・７％にあたる）を支給したが、そのうち被徴用死亡者に対する請求権補償金としては８５５２件に対して１人当り30万ウォンずつ合計25億６５６０万ウォンを支給した。

ここで、大韓民国での国内法の制定状況が認定されています。まず初めに、請求権協定で支給される資金をどのように使用するかを定める二つの国内法が制定されました。１９６６年の

「請求権資金法」と1971年の「請求権申告法」がそれです。請求権申告法では強制動員関連被害者の請求権の申告を認めていましたが、その範囲は狭く、戦時中に死亡した軍人・軍属と招集または徴用された労務者に限定されたのです。その後1974年12年21日、「対日民間請求権補償に関する法律」（以下「請求権補償法」という）が制定され、被徴用死亡者に対する請求権補償金としては8552件に対して1人当り30万ウォンずつ合計25億6560万ウォンが支給されました。ここでわかるとおり、これは不法行為についての慰謝料とはまったく性質が異なるものでしたし、生存者には何の補償金も支払われませんでした。

日本でも次のように国内法が制定されたのですが、それは、財産権を消滅させるための立法だったのです。

（3）日本は1965年12月18日、「財産及び請求権に関する問題の解決と経済協力に関する日本国と大韓民国の間の協定第2条の実施による大韓民国などの財産権に対する措置に関する法律」（以下「財産権措置法」という）を制定した。その主な内容は、大韓民国またはその国民の日本またはその国民に対する債権または担保権であって請求権協定第2条の財産、利益に該当するものを請求権協定日である１９６５年６月22日に消滅させるというものである。

日本で「財産権措置法」が制定されたのは、１９６５年12月18日でした。この日は、上記の請求権協定に関する批准書が両国の間で交換され、発効したその日のことです。同法の主な内容は、「大韓民国またはその国民の日本またはその国民に対する債権または担保権であって請求権協定第２条の財産、利益に該当するもの」を消滅させるというのです。それも、請求権協定日である１９６５年６月22日に消滅させるというのです。とても手際のよい立法措置のように見えます。

残された課題

それでは、この法律によって韓国人である元徴用工のすべての個人請求権が消滅したのでしょうか。もしそうなら、安倍首相が非難するのも正当と言えそうです。

ところが、よく見ると残された課題が見えてくるのです。

二つの問題があります。①この法律は、日本法ですから、韓国に住む韓国人には及ばないのです。②その次に、この法律は、元徴用工の賃金や補償金ではなく、それとは異なる「反人道的な不法行為を前提とする……慰謝料請求権」、すなわち（大法院判決が定義している）「原告らの損害賠償請求権は日本政府の韓半島に対する不法な植民支配及び侵略戦争の遂行と直結した日本企業の反人道的な不法行為を前提とする強制動員被害者の日本企業に対する慰謝料請求権」を消滅させたと言えるでしょうか。もし、安倍政権が言うように、どのような権利であろうとすべて入っているというような法解釈をとると、三つの問題が生じるのです。一つは、言葉の通常の意味から言ってそう読めるかという疑問です。第2には、基本的人権を保障する日本国憲法に違反しないかという問題があります。もう一つは、国際人権法違反の問題を検討する必要があります。世界人権宣言（1948年）は、世界の憲法である国連憲章（ヒューマンライツを保障しています）に基づいて1965年協定に先立って制定されたのですが、ヒューマンライツを奪うことができない権利と宣言しています。奪えないはずのヒューマンライツを二国間条約で、奪えるのかという根本的な問題が出てくるのです。

これは、かなり根源的な問題に連なっているように思われます。ヒューマンライツという新たな法的概念は、連合国宣言（1942年1月1日）に原点を持つのですが、国連憲章によって（枢軸国を除く）世界の諸国が戦後秩序の根幹として確認したものです。世界人権宣言（1

948年12月10日）は、国連総会によって採択され、ヒューマンライツの内容を明らかにしています。枢軸国は、漸次国連の成員になることを許されたのですが、国連加盟の際に、国連憲章と世界人権宣言を承認しています。

ところが、サンフランシスコ対日講和条約は、いわゆる片面講和でした。冷戦と朝鮮戦争のためにやむを得なかったと言えば言えるのですが、それは国際政治上の一時的な事情にすぎません。ソ連、中国、南北朝鮮両政府などが招かれないまま、いわば米国が親しい同盟国を集めて内輪だけで勝手に決めてしまったものだったのです。一方的な論理によって作り上げた暫定的な体制だったのです。そのような「パックス・アメリカーナ」とも言える部分的秩序は、全世界の法を作り上げてきた国連憲章と世界人権宣言の新国際秩序よりも、一段劣ると言わなければならないでしょう。ところが、対日片面講和で排除された諸国が国連の成員として参加している現在の国際社会では、サンフランシスコ対日講和体制は限定的な意味しか持たなくなってきているのではないか、という根本的な問題を考慮に入れる必要があるのではないでしょうか。これら諸国は、今や国際経済・政治・社会の中で、無視しがたい大きな力をつけてきています。サンフランシスコ対日講和体制とその枠組みの中に位置づけられている日韓の二国間条約秩序は、もはや万能ではなくなってしまっているのではないでしょうか。部分的・暫定的に定められた秩序は、戦後創出され、現在の国際社会を形成しているヒューマンライツを基調とする国連憲章と世界人権宣言の枠組みのなかに位置づけて、許される範囲内で限定的な解釈をしなければならないのではないでしょうか。すくなくとも、ヒューマンライツの根幹を否定するような解釈を取ることは許されないでしょう。そうであるなら、１９６５年協定の解釈は抑制的でなければならず、ヒューマンライツを剝奪したというような解釈をとることは許されないでしょう。

このように考えると、大法院判決が、１９６５年協定は、「原告らの損害賠償請求権は日本政府の韓半島に対する不法な植民支配および侵略戦争の遂行と直結した日本企業の反人道的な不法行為を前提とする強制動員被害者の日本企業に対する慰謝料請求権」を消滅させたと言えないと解釈したことも、不合理とは言い切れないのではないでしょうか。

大韓民国の追加措置

韓国では、１９８７年の民主化以後のヒューマンライツ親和的な政権が生まれるのに合わせたように、日韓請求権協定に関わる問題に関連して、真相究明のために、いくつかの追加措置が取られました。２００４年に真相究明特別法が制定されました。そのほか、請求権協定に関わる文書公開措置が取られたこともあります。「韓日会談文書公開の善後策に関する民官共同委員会」が設置され、２００５年に公式見解が公表されました。大法院判決は、これらの重要な追加措置についても、項を設けて、認定しています。その内容はどのようなものでしょうか。

カ　大韓民国の追加措置

（1）大韓民国は２００４年3月5日、日帝強占下強制動員被害の真相を究明し歴史の真実を明らかにすることを目的に「日帝強占下強制動員被害真相究明などに関する特別法」（以下「真相究明法」という）を制定した。上記法律とその施行令により「日帝強占下強制動員被害」に対する調査が全面的に実施された。

（2）大韓民国は２００５年1月頃、請求権協定に関する一部文書を公開した。その後構成された「韓日会談文書公開の善後策に関する民官共同委員会」（以下「民官共同委員会」という）では、２００５年8月26日、「請求権協定は日本の植民支配賠償を請求するための協定ではなく、サンフランシスコ条約第4条に基づき韓日両国間の財政的・民事的債権・債務関係を解決するためのものであり、日本軍慰安婦問題等、日本政府と軍隊等の日本国家権力が関与した反人道的不法行為については請求権協定で解決されたものとみることはできず、日本政府の法的責任が残っており、サハリン同胞問題と原爆被害者問題も請求権協定の対象に含まれなかった」という趣旨の公式見解を表明した……

このように「民官共同委員会」の公式見解の「趣旨」を紹介したうえで、大法院判決は、この公式見解には「下記の内容が含まれている」として、次のような注目すべき「民官共同委員会」の判断に言及しています。この点が現在の日韓の論争の火種になっていると思われます。注意して読んでください。

○ 韓日交渉当時、韓国政府は日本政府が強制動員の法的賠償、補償を認めなかったため、「苦痛を受けた歴史的被害事実」に基づき政治的補償を求め、このような要求が両国間無償資金算定に反映されたと見るべきである。

○ 請求権協定を通して日本から受領した無償3億ドルは、個人財産権（保険、預金等）、朝鮮総督府の対日債権等、韓国政府が国家として有する請求権、強制動員被害補償問題解決の性格の資金等が包括的に勘案されたと見るべきである。

○ 請求権協定は、請求権の各項目別金額決定ではなく政治交渉を通じて総額決定方式で妥結されたため、各項目別の受領金額を推定することは困難であるが、政府は受領した無償資金のうち相当金額を強制動員被害者の救済に使用すべき道義的責任があると判断される。

○ しかし、75年の我が政府の補償当時、強制動員負傷者を保護対象から除外する等、道義的次元から見た時、被害者補償が不十分であったと見る側面がある。

これらの韓国での真相究明の努力の成果として、２００７年には、「太平洋戦争前後国外強制動員犠牲者等支援に関する法律」が制定されました。２０１０年には、犠牲者の範囲にサハリンの犠牲者にも救済の範囲が広げられました。大法院判決は、以下のとおり、これらの立法による追加措置についてもフォローしています。その内容はどのようなものでしょうか。

（３）大韓民国は２００６年３月９日に請求権補償法に基づいた強制動員被害者に対する補償が不十分であることを認めて追加補償の方針を明らかにした後、２００７年12月10日「太平洋戦争前後国外強制動員犠牲者等支援に関する法律」（以下「２００７年犠牲者支援法」という）を制定した。上記法律とその施行令は、①１９３８年４月１日から１９

45年8月15日の間に日帝によって軍人・軍属・労務者などとして国外に強制動員され、その期間中または国内への帰還の過程で死亡または行方不明となった「強制動員犠牲者」には1人当り2000万ウォンの慰労金を遺族に支給し、②国外に強制動員されて負傷により障害を負った「強制動員犠牲者」には1人当り2000万ウォン以下の範囲内で障害の程度を考慮して大統領令で定める金額を慰労金として支給し、③強制動員犠牲者のうち生存者または上記期間中に国外に強制動員されてから国内に帰還した者の中で強制動員犠牲者にあたらない「強制動員生還者」のうち、生存者が治療や補助装具使用が必要な場合にその費用の一部として年間医療支援金80万ウォンを支給し、④上記期間中に国外に強制動員され労務提供などをした対価として日本国または日本企業などから支給されるはずであった給料等の支払を受けられなかった「未収金被害者」またはその遺族に、未収金被害者が支給を受けるはずであった未収金を当時の日本通貨1円を大韓民国通貨2000ウォンに換算した未収金支援金を支給するよう規定した。

（4）一方、真相究明法と2007年犠牲者支援法の廃止に代えて2010年3月22日から制定・施行されている「対日抗争期強制動員被害調査及び国外強制動員犠牲者等支援に関する特別法」（以下「2010年犠牲者支援法」という）はサハリン地域強制動員被害者等を補償対象に追加して規定している。

このように「真相究明法」による調査によって、強制動員被害者等への補償が追加されることになったのです。途中経過にすぎないとして見すごされてしまうかもしれませんが、この点をどう評価するかが、重要な判断の分かれ目になる可能性があります。

「真相究明法」で明らかになった事実について検討した韓国の「民官共同委員会」の見解のなかの、「韓日交渉当時、韓国政府は日本政府が強制動員の法的賠償、補償を認めなかったため、「苦痛を受けた歴史的被害事実」に基づき政治的補償を求め、このような要求が両国間無償資金算定に反映されたと見るべきである。」という部分をどう見るかが重要な論点になるでしょう。この点は、見方によっては、日本政府が、（不法な）植民地支配下における反人道的不法行為についての「賠償」という韓国側の要求に応じて、その対価としての支払いをしたという対価関係があったと評価することも可能かもしれません。もしそう評価するなら、この訴訟の訴えの内容が請求権協定に含まれて解決済みという判断になるわけです。しかし、これを交渉上の経過の一部と見て、（「植民支配の不法性」を認めなかったことに加えて、）あくまで「日本政府が強制動員の法的賠償、補償を認めなかった」点を重視するならば、法的賠償問題は含まれていなかったことになるということになります。法律論とすれば、どちらの判断もあり得ると考えられます。

後に見るように最終的に、大法院判決がいう「原告らの損害賠償請求権は日本政府の韓半島に対する不法な植民支配および侵略戦争の遂行と直結した日本企業の反人道的な不法行為を前提とする強制動員被害者の日本企業に対する慰謝料請求権」までもが請求権協定の範囲内に含まれていたとは、認定していません。これは、まったく別の概念だと大法院判決が判断したことになります。

この問題は、とくに日本政府の見解と決定的に異なる重要な論点ですから、章をあらためて第2章で筆者の考えを詳しく述べたいと思います。

2．日本の裁判所の判決（原告敗訴）との関係

日本の裁判所の判決（原告敗訴）を認めた韓国の判決

状況を理解するためには、少しさかのぼって何が問題なのかを振り返って、大法院判決のもとになった最初の段階の韓国の裁判まで見てみる必要があります。以下で述べるように、原告

1と原告2は日本の裁判所に同様の訴訟を起こして、敗訴していたというのです。第一審判決[3]を言い渡したソウル中央地方法院は、次のように言っています。

原告1、原告2は1997年12月24日日本の大阪地方裁判所に被告に対し賃金支給及び不法行為による損害賠償を求めて訴訟を提起し、2001年3月27日原告請求棄却判決が宣告され、大阪高等裁判所で2002年11月19日控訴が棄却され、上記判決は2003年10月9日確定した（上記訴訟を以下「本件前訴」という）。

本件前訴で、原告1、原告2の敗訴が日本では確定していたのです。ですから、被告（企業）は、韓国の民事訴訟法第217条の規定（外国裁判所の確定判決を承認するための要件として「その判決の効力を認めることが大韓民国の善良な風俗やその他の社会秩序に反しないこと」などの4要件を定めている）どおり、韓国での同一訴訟提起は、外国裁判所の確定判決の

3　ソウル中央地方法院第10民事部2008年4月3日判決（事件2005가합16473損害賠償（기））http://justice.skr.jp/koreajudgements/12-1.pdf 2019年7月3日閲覧。

既判力に抵触すると主張したのです。ソウル中央地方法院は、日本の裁判所の原告敗訴の判決は4要件すべてについて充足するから韓国でも有効であると判断したのです。「その判決の効力を認めることが大韓民国の善良な風俗やその他の社会秩序に反しないこと」という要件を充足するとした判断が特に重要ですから、その認定部分をあげておきます。

上記③要件において「善良な風俗その他の社会秩序」とは民法第103条に定めた国内実体法上の公序より狭い意味であって、実体的公序とその成立手続に関する手続的公序を含むものであるところ、「善良な風俗やその他の社会秩序に反する場合」とは、㋐同一当事者間の同一事件について大韓民国での判決が確定した後に再び外国で判決が宣告され確定したことにより大韓民国判決の既判力に抵触する場合（大法院1994年5月10日宣告93므1051、1068判決参照）、㋑再審事由に関する民事訴訟法第451条第1項第6号、第7号、第2項の内容に照らして被告が判決国法廷で偽証を利用して判決を得るなどの詐欺的な事由を主張することができず、または処罰を受ける詐欺的行為について有罪判決のような高度の証明がある場合（大法院2004年10月28日宣告2002다74213判決参照）、㋒外国判決の内容自体が善良な風俗やその他の社会秩序に反する場合などを

いう。本件の場合上記㋐、㋑の場合には該当しないことが明白であり。㋒の場合、すなわち日本裁判所の判決内容自体が善良な風俗やその他の社会秩序に反するかが問題となる。

そのうえで、ソウル中央地方法院は、さらに㋒の場合を詳細に検討しています。しかし、その内容は、「会社解散、分割、合併の準拠法」、「会社経理応急措置法、企業債権整備法の規定による判断」などについてかなり詳しい認定をしているものの、「植民支配の不法性」についての本件前訴の判断についてては触れていません。この段階では、争点になっていなかったからでしょう。そうして結論としては、同地方法院は、次のように判断しました。

そうであれば、上記のように判断した日本判決の内容が大韓民国の善良な風俗その他の社会秩序に照らして許容できないとは言えないから、結局日本の上記確定判決はわが国でその効力が認められるというべきである。

このような判断に基づいて、原告1、原告2の訴えは、理由がないとしてソウル中央地方法院によって棄却されたのです。原告らは、控訴しましたが、控訴審であるソウル高等法院も原審判決を支持しました。

なぜ差戻し後の韓国の裁判所では逆の判決（原告勝訴）が出たのか？

そこで、原告らはさらに上告し、この上告審である大法院（第1部）で、原審判決の破棄、差戻し判決（大法院2012年5月24日宣告）[4]を獲得したのです。

実は、本書が焦点を当てている2018年10月の大法院判決は、この2012年差戻し大法院（第1部）判決の判断を踏襲していて、日本による植民地支配を不法と判断した憲法解釈の部分を簡略にしか述べていないのです。

日本判決の理由には日本の韓半島と韓国人に対する植民支配が合法であるという規範的認識を前提とし、日帝の国家総動員法と国民徴用令を韓半島と原告らに適用することが有効であると評価した部分が含まれている。

として、日本での判決で韓国の植民地支配が合法とされている点を判断の対象にしたのです。

そのうえで、2012年大法院（第1部）は、以下のような画期的な憲法解釈を示したのです。

しかし、大韓民国制憲憲法はその前文で「悠久の歴史と伝統に輝く我ら大韓国民は己未三・一運動により大韓民国を建立し、世の中に宣布した偉大な独立精神を継承し、いま民主独立国家を再建するにおいて」と述べ……また現行憲法もその前文で「悠久な歴史と伝統に輝くわが大韓国民は三・一運動により建立された大韓民国臨時政府の法統と不義に抗拒した四・十九民主理念を継承し」と規定している……このような大韓民国憲法の規定に照らしてみるとき、日帝強占期の日本の韓半島支配は規範的観点から不法な強占にすぎず、日本の不法な支配による法律関係のうち、大韓民国の憲法精神と両立しえないものはその効力が排斥されると解さなければならない。そうであれば、日本判決の理由は日帝強占期の強制動員自体を不法であると解している大韓民国憲法の核心的価値と正面から衝突するものであり、このような判決理由が含まれる日本判決をそのまま承認する結果はそれ自体として大韓民国の善良な風俗やその他の社会秩序に違反するものであることは明らかであ

4　新日鉄事件大法院第1部判決（第1部）仮訳、2012年5月24日判決宣告。http://www.nichibenren.or.jp/library/ja/kokusai/humanrights_library/sengohosho/saibanrei_04_2.pdf　2019年7月4日閲覧。

る。したがってわが国で日本判決を承認し、その効力を認定することはできない。

という判断を示し、原審の判断を覆したのです。その結果、日本判決を承認しなかったのです。この判断は、韓国の憲法の規定から、大韓帝国が滅亡し、韓国が人民主権の大韓民国となった時期を1919年3月1日独立宣言のときと判断したうえで、日本による韓国の支配については、「日帝強占期の日本の韓半島支配は規範的観点から不法な強占にすぎず」との法的評価を示したのです。

さて、2018年10月の大法院の全員裁判官参加による判決に戻りましょう。被告は、「上告理由第1点で、日本判決の承認の問題をあげています。2018年10月大法院判決は、以下のように述べています。

2　上告理由第1点について

差戻し後の原審は、その判示のような理由をあげ、亡訴外人と原告2が本件訴訟の前に日本において被告に対して訴訟を提起し、本件日本判決で敗訴し確定したとしても、本件日本判決が日本の韓半島と韓国人に対する植民支配が合法的であるという規範的認識を前提に日帝の「国家総動員法」と「国民徴用令」を韓半島と亡訴外人と原告2に適用することが有効であると評価した以上、このような判決理由が含まれる本件日本判決をそのまま承認するのは大韓民国の善良な風俗やその他の社会秩序に違反するものであり、したがって我が国で本件日本判決を承認してその効力を認めることはできないと判断した。このような差戻し後の原審の判断は、差戻判決の趣旨にしたがうものであって、そこに上告理由が主張するような外国判決承認要件としての公序良俗違反に関する法理の誤解等の違法はない。

と述べています（ここで「亡訴外人」とされているのは、差戻し前の原審では「原告1」とされていたと理解できます）。2012年大法院（第1部）判決を踏まえ、その判断を踏襲し、同じ判断をしています。そのために、判示部分は、ほぼ結論だけになっていて、この部分は、とても簡略です。ですから、なぜ大法院判決が、「本件日本判決が日本の韓半島と韓国人に対する植民支配が合法的であるという規範的認識を前提に日帝の「国家総動員法」と「国民徴用令」を韓半島と亡訴外人と原告2に適用することが有効であると評価した」日本判決の結果を受け入れられないと判断したのか、その理由がよくわからないかもしれません。ですから、そこに至る経過を少々長々と説明したのです。

注意すべきなのは、この判断は、韓国立法府が制定した憲法について韓国司法府が示した国内的な判断です。ですから、韓国の国内法の問題としてはこれで完結しています。しかし、それが国際社会でもそのように言えるかどうかについては、2012年大法院（第1部）判決も2018年大法院判決も検討していません。韓国の憲法の解釈ですから、国内法的には問題がないのかもしれませんが、日本とのかかわりがある事件ですから、国際法の検討がないのは、不十分との批判を招く可能性がないでしょうか。残念な点です。

不思議なことですが、請求権協定の解釈では大法院判決の「国際法違反」を大々的に非難している日本政府が、この点では、大法院判決にまったく反論していないのです。ということは、この判断をやむを得ないものと考えているのでしょうか。しかし、日本の方たちからみると、この点に沈黙しているのはなぜなのか、不審に思われるのではないでしょうか。

そこで、さらに、国際法上もそのように判断できるのかどうかという検討が必要になると考えます。それについては、後に章を改めて（第3章で）詳しく述べたいと思います。

3. 日韓請求権協定との関係

「条約の抗弁」について

日本政府は、1965年日韓請求権協定によって個人の請求権の問題は「完全かつ最終的に解決している」というのです。私は、このように、サンフランシスコ平和条約や日韓請求権協定によって、元「徴用工」の人々や元「慰安婦」の人々が、その被害について訴訟を起こす権利や立場を失っているという考え方を「**条約の抗弁**」と呼んでいます（本書99頁参照）。それなのに、大法院がこの「条約の抗弁」を認めなかったのは、なぜなのでしょうか？

日本政府は、「慰安婦」問題に関してですが、国連で「条約の抗弁」を主張し続けてきました。被告企業も同じように本件韓国訴訟で、「条約の抗弁」を主張していたのです。ところが、大法院判決（多数意見）は、日韓請求権協定によっても原告の権利が消滅していないと判断したのです。その見解はどのようなものなのでしょうか？

韓国での裁判では大きな争点になっています。安倍政権の反発もこの点に絞られていますから、最も重要なポイントです。大法院判決は、まず条約の解釈の方法についての原則をまとめています。日韓請求権協定は、条約ですから、その解釈のためには、国際法上の条約解釈の原則が適用されるのです。その点について、大法院判決は、以下のように整理しています。

4　上告理由第3点について

ア　条約は前文・付属書を含む条約文の文脈および条約の対象と目的に照らし、その条約の文言に付与される通常の意味に従って誠実に解釈されねばならない。ここにおいて文脈とは条約文（前文および付属書を含む）の他に、条約の締結と関連して当事国間に成立したその条約に関する合意などを含み、条約の文言の意味が曖昧模糊としている場合などには条約の交渉記録および締結時の事情などを補充的に考慮してその意味を明らかにすべきである。

このような法理は、国際法の条約解釈の常識として認められていますが、これを適用して、請求権協定を解釈すると、どういうふうに判断されることになるのでしょうか。大法院判決は、まず、結論を述べています。

イ　このような法理に従って、前記の事実関係および採用された証拠により認められる下記の事情を総合すると、原告らが主張する被告に対する損害賠償請求権は請求権協定の適用対象に含まれるとはいえない。その理由は以下のとおりである。

原告らの損害賠償請求権

原告の被告に対する損害賠償請求権が請求権協定の適用対象に含まれないとする結論的判断を導いた理由が、以下に詳しく述べられています。大法院判決は、原告が請求しているのは、請求権協定の範囲に含まれている「未払い賃金や補償金」ではないとしています。そうではなくて、原告が請求している損害賠償請求権は、「日本政府の韓半島に対する不法な植民支配および侵略戦争の遂行と直結した日本企業の反人道的な不法行為を前提とする強制動員被害者の日本企業に対する慰謝料請求権」であるというのです。この点が極めて重要だと思います。論旨がどのようなものか、注意深く読んでください。

（1）まず、本件で問題となる原告らの損害賠償請求権は日本政府の韓半島に対する不法な植民支配および侵略戦争の遂行と直結した日本企業の反人道的な不法行為を前提とする強制動員被害者の日本企業に対する慰謝料請求権（以下「強制動員慰謝料請求権」という）であるという点を明確にしておかなければならない。原告らは被告に対して未払賃金や補償金を請求しているのではなく、上記のような慰謝料を請求しているのである。

これに関する差戻し後原審の下記のような事実認定と判断は、記録上これを十分に首肯することができる。即ち、①日本政府は日中戦争や太平洋戦争など不法な侵略戦争の遂行過程において基幹軍需事業体である日本の製鉄所に必要な労働力を確保するために長期的な計画を立てて組織的に労働力を動員し、核心的な基幹軍需事業体の地位にあった旧日本製鉄は鉄鋼統制会に主導的に参加するなど日本政府の上記のような労働力動員政策に積極的に協力して労働力を拡充した。②原告らは、当時韓半島と韓国民らが日本の不法で暴圧的な支配を受けていた状況において、その後日本で従事することになる労働内容や環境についてよく理解できないまま日本政府と旧日本製鉄の上記のような組織的な欺罔《ぎもう》により動員されたと認めるのが妥当である。③さらに、原告らは成年に至らない幼い年齢で家族と離別し、生命や身体に危害を受ける可能性が非常に高い劣悪な環境において危険な労働に従事し、具体的な賃金額も知らないまま強制的に貯金させられ、日本政府の苛酷な戦時総動員体制のもとで外出が制限され、常時監視され、脱出が不可能であり、脱出の試みが発覚した場合には苛酷な殴打を受けることもあった。④このような旧日本製鉄の原告らに対する行為は、当時の日本政府の韓半島に対する不法な植民支配および侵略戦争の遂行と直結した反人道的な不法行為に該当し、かかる不法行為によって原告らが精神的苦痛を受けたことは経験則上明白である。

財政的・民事的な債権・債務関係

大法院判決は、以下で、請求権協定は「日本の不法な植民支配に対する賠償を請求するための協定」ではなかったと述べています。それでは、何だったのでしょうか? 大法院は、請求権協定は、「基本的にサンフランシスコ条約第4条に基づ」いて結ばれたものだったと見ています。結局、請求権協定は、「韓日両国間の財政的・民事的な債権・債務関係を政治的合意によって解決するためのもの」であったというのです。2005年の民官共同委員会[5]の結論を採用しています。このようなこれまでの韓国内での研究成果が大法院判決に大きな影響を与えているのではないでしょうか。その論旨はどのようなものでしょうか。

5　前掲の「韓日会談文書公開の善後策に関する民官共同委員会」(65ページ参照)のこと。

（2）前記の請求権協定の締結経過とその前後の事情、特に下記のような事情によれば、請求権協定は日本の不法な植民支配に対する賠償を請求するための協定ではなく、基本的にサンフランシスコ条約第4条に基づき、韓日両国間の財政的・民事的な債権・債務関係を政治的合意によって解決するためのものであったと考えられる。

①前記のように戦後賠償問題を解決するために1951年9月8日に米国など連合国48ケ国と日本の間に締結されたサンフランシスコ条約第4条（a）は、「日本の統治から離脱した地域（大韓民国もこれに該当）の施政当局およびその国民と日本および日本の国民間の財産上の債権・債務関係は、これらの当局と日本間の特別取極によって処理する」と規定している。

韓国側が提示した8項目

②サンフランシスコ条約締結後、ただちに第1次韓日会談（1952年2月15日から同年4月25日まで）が開かれたが、その際に韓国側が提示した8項目も基本的に韓日両国間の財政的・民事的債務関係に関するものであった。上記の8項目中第5項に「被徴用韓国

人の未収金、補償金およびその他の請求権の返済請求」という文言があるが、8項目の他の部分のどこにも、日本植民支配の不法性を前提とする内容はないから、上記第5項の部分も日本側の不法行為を前提とするものではなかったと考えられる。従って、上記の「被徴用韓国人の未収金、補償金およびその他の請求権の返済請求」に強制動員慰謝料請求権まで含まれるとは言いがたい。

③1965年3月20日に大韓民国政府が発行した「韓日会談白書」（乙第18号証）によれば、サンフランシスコ条約第4条が韓日間の請求権問題の基礎となったことが明示され、さらに「上記第4条の対日請求権は戦勝国の賠償請求権と区別される。韓国はサンフランシスコ条約の調印当事国でないために、第14条の規定によって戦勝国が享有する「損害および苦痛」に対する賠償請求権を認められなかった。このような韓日間の請求権問題には賠償請求を含ませることはできない。」という説明までしている。

④その後に実際に締結された請求権協定文やその付属書のどこにも日本植民支配の不法性に言及する内容はまったくない。請求権協定第2条1において「請求権に関する問題は、サンフランシスコ条約第4条（a）に規定されたものを含めて、完全かつ最終的に解決されたこととなる」として、上記の第4条（a）に規定されたもの以外の請求権も請求権協

定の適用対象になりうると解釈される余地がないではない。しかし上記のとおり日本の植民支配の不法性に全く言及されていない以上、上記の第4条（a）の範疇を越えて、請求権、すなわち植民支配の不法性と直結する請求権までも上記の対象に含まれるとは言いがたい。請求権協定に対する合意議事録（1）2（g）も「完全かつ最終的に解決されるもの」に上記の8項目の範囲に属する請求が含まれていると規定しただけである。

⑤2005年、民官共同委員会も「請求権協定は基本的に日本の植民支配の賠償を請求するためのものではなく、サンフランシスコ条約第4条に基づき、韓日両国間の財政的・民事的債権・債務関係を解決するためのものである」と公式意見を明らかにした。

法的な代価関係

大法院は、「3億ドル無償提供、2億ドル借款（有償）の実行」が、日本政府の韓半島に対する不法な植民支配および侵略戦争の遂行と直結した日本企業の反人道的な不法行為との代価関係をもつものと見ているのでしょうか。代価関係という言葉は、わかりにくいでしょうか。端的に言えば、「日本政府の韓半島に対する不法な植民支配および侵略戦争の遂行と直結した日本企業の反人道的な不法行為」を償うための損害賠償として、日本政府がお金を支払ったのかという、お金の性格を解明しようとする問いなのです。それは、何のためのお金なのでしょうか？　大法院の判断を見てみましょう。

（3）請求権協定第1条により日本政府が大韓民国政府に支払った経済協力資金と第2条による権利問題の解決との間の法的な代価関係の有無も明らかではない。請求権協定第1条では「3億ドル無償提供、2億ドル借款（有償）の実行」を規定しているが、その具体的な名目については何の規定もない。借款の場合は日本の海外経済協力基金により行われることとし、上記の無償提供および借款が大韓民国の経済発展に有益なものでなければならないという制限を設けているのみである。請求権協定の前文において、「請求権問題の解決」に言及してはいるものの、上記の5億ドル（無償3億ドルと有償2億ドル）と具体的に結びつく内容はない。これは請求権協定に対する合意議事録（1）2（g）で言及された「8項目」の場合も同様である。当時の日本側の立場も、請求権協定第1条の資金は基本的に経済協力の性格であるというものであったし、請求権協定第1条と第2条の間に法律的な相互関係が存在しないという立場であった。2005年、民官共同委員会は請求権協定当時政府が受領した無償資金のうちの相当額を強制動員被害者の救済に使用すべき「道義的責任」があったとしたうえで、1975年の請求権補償法などによる補償は「道義的次元」から見て不充分であったと評価した。そしてその後に制定された2007年の犠牲者支援法および2010年の犠牲者支援法は強制動員関連被害者に対する慰労金や支援金の性格が「人道的次元」のものであることを明示した。

法的賠償を徹底的に否認

大法院判決は、請求権協定の交渉過程で、日本政府が「植民支配の不法性」を否定し、不法行為の存在を否定し続けたと見ているのです。それでは、大法院は、こうした日本政府の姿勢と請求権協定の適用対象とはどのような関係があると見ているのでしょうか。それを前提にして、韓国政府が交渉過程で強制動員慰謝料請求権を放棄したと見ることができるでしょうか。この点についての大法院の判断は極めて重要です。

（4）請求権協定の交渉過程で日本政府は植民支配の不法性を認めないまま、強制動員被害の法的賠償を徹底的に否認し、これに伴い韓日両国の政府は日帝の韓半島支配の性格に関して合意に至ることができなかった。このような状況で強制動員慰謝料請求権が請求権協定の適用対象に含まれたとは言いがたい。請求権協定の一方の当事者である日本政府が不法行為の存在およびそれに対する賠償責任の存在を否認する状況で、被害者側である大韓民国政府が自ら強制動員慰謝料請求権までも含む請求権協定を締結したとは考えられないからである。

被告側の主張に対する大法院のその他の判断はどのようなものでしょうか。

（5）差戻し後の原審において被告が追加で提出した証拠なども、強制動員慰謝料請求権が請求権協定の適用対象に含まれないという上記のような判断を左右するものであるとは考えられない。上記の証拠によれば、1961年5月10日、第5次韓日会談予備会談の過程で大韓民国側が「他国民を強制的に動員することによって負わせた被徴用者の精神的、肉体的苦痛に対する補償」に言及した事実、1961年12月15日、第6次韓日会談予備会談の過程で大韓民国側が「8項目」に対する補償として総額12億2000万ドルを要求し、そのうちの3億6400万ドル（約30％）を強制動員被害補償に対するものとして算定（生存者1人当り200ドル、死亡者1人当たり1650ドル、負傷者1人当たり2000ドルを基準とする）した事実などを認めることができる。
しかし、上記のような発言内容は大韓民国や日本の公式見解でなく、具体的な交渉過程における交渉担当者の発言にすぎず、13年にわたった交渉過程において一貫して主張された内容でもない。「被徴用者の精神的、肉体的苦痛」に言及したのは、交渉で有利な地位を占めようという目的による発言にすぎないと考えられる余地が大きく、実際に当時日本側の反発で第5次韓日会談の交渉は妥結されることもなかった。また、上記のとおり交渉過程で総額12億2０００万ドルを要求したにもかかわらず、実際には請求権協定は3億ドル（無償）で妥結した。このように要求額にはるかに及ばない3億ドルのみを受けとった状況で、強制動員慰謝料請求権も請求権協定の適用対象に含まれていたとはとうてい言いがたい。

この判断は、２０１８年大法院判決の核心部分でしょう。前記したように、「民官共同委員会」が明らかにした見解のなかに、「韓日交渉当時、韓国政府は日本政府が強制動員の法的賠償、補償を認めなかったため、「苦痛を受けた歴史的被害事実」に基づき政治的補償を求め、このような要求が両国間無償資金算定に反映されたと見るべきである。」という部分をどう見るかが判断の分かれ目になると書いたことを想起してください。

大法院判決は、①政治的補償が無償資金算定に反映されたという見方は、韓国政府の公式見解ではなく、交渉上一貫した立場でもないこと、②日本政府は一貫して政治的補償を認めず、韓国側の交渉担当者の発言や要求の結果、会談が妥結したわけではないこと、③交渉過程での韓国側要求額にはるかに及ばない額で交渉が妥結したことをあげて、「強制動員慰謝料請求権も請求権協定の適用対象に含まれていたとはとうてい言いがたい」と判断したのです。

結論

大法院は、この争点の結論として何を述べているのでしょうか。

ウ　差戻し後の原審がこのような趣旨から強制動員慰謝料請求権は請求権協定の適用対象に含まれないと判断したのは妥当である。その点において、上告理由の主張のように請求権協定の適用対象と効力に関する法理を誤解しているなどの違法はない。

一方、被告はこの部分の上告理由において、強制動員慰謝料請求権が請求権協定の適用対象に含まれるという前提の下に、請求権協定で放棄された権利は国家の外交的保護権に限定されるものではなく、個人請求権自体が放棄（消滅）されたのだとの趣旨の主張もしているが、この部分は差戻し後の原審の仮定的判断に関するものであって、さらに検討するまでもなく受け入れることができない。

このように、大法院は、日本政府の韓半島に対する不法な植民支配および侵略戦争の遂行と直結した日本企業の反人道的な不法行為、すなわち強制動員慰謝料請求権は、請求権協定の適用対象に含まれなかったと判断しました。言い換えれば、強制動員慰謝料請求権は、請求権協定で放棄された権利には当たらないと結論したのです。このように論理的に順序だてて考えれば、それなりに筋が通った論理だと思います。ここでも、「日本政府の韓半島に対する不法な植民支配」という判断が概念全体を修飾していることに注目すべきでしょう。

結局、「不法な植民支配」という判断が、この大法院判決を理解するために極めて重要な鍵を握っているということがわかると思います。そこで、第3章でこの問題を検討してみることにしましょう。

仮に、この問題が今後国際仲裁手続きに委ねられることになった場合は、この点をどう判断するかが、最大の争点になるであろうと予想できます。

第2章　日韓請求権協定で終わったこと、終わっていないこと

日本政府は徴用工の問題は１９６５年日韓請求権協定で「完全かつ最終的に解決」されたと「条約の抗弁」を繰り返しています。そして、この大法院判決を「国際法違反」と非難しています。

ここで熟考してほしいポイントが二つあります。

一つは、日本側からの見方です。

日本政府の解釈でも、１９６５年請求権協定によって韓国政府が外交保護権を行使することができなくなっているものの、徴用工など被害者の個人請求権はなくなっていないとされているのです。中国人被害者の民事事件ですが、日本の最高裁判所の判断（２００７年西松建設事件、最判平成19年４月27日平成16年第１６５８号）でも、被害者の個人請求権そのものは残っているというのです。とてもわかりにくいのですが、個人請求権は残っていても、最高裁のい

う**「サンフランシスコ平和条約の枠組み」**により被害者が裁判所に訴えて支払いを求めることができなくなっているという理屈なのです。一般人にはなかなか理解が困難な論理です。しかし、被害者の個人請求権が残っているのですから、加害企業側が損害賠償をする気持ちがあれば、法律上支払うことができます。むしろそうすることが自然なのです。

もう一歩進めるなら、被害者側の代理人である崔鳳泰《チェボンテ》弁護士が言うように加害企業が話し合いで和解をすることは、法律上十分に可能であることがわかるでしょう。そうすることは、合理的だとさえ言えます。

「日韓請求権協定では強制動員被害者の問題は解決していない。一方、請求権協定が解決の妨げになるものでもない。被害者の人権回復、植民地支配の反省（再発の防止）の視点から解決をめざすべきである」という山本晴太弁護士の見解は、傾聴に値します。このような考え方は、日弁連が開催したセミナー[6]の基調報告で明らかにされています。

こう見てきますと、日本側の視点から見ても、安倍首相の発言は不適切ではないでしょうか。ましてや、「経済制裁」ととられかねない戦争一歩手前の対応は、レッドラインを超えています。この論点については、日本の訴訟に関与した実務法律家の見解を参照してください。

もう一つは、韓国側からの視点です。

すでに読んだ大法院判決を読めば、それがどのような視点なのかはわかるでしょう。それを、以下著者の視点で補足的に説明してみたいと思います。

1．「反人道的な不法行為を前提とする強制動員」被害者の慰謝料請求権

強制動員被害者の日本企業に対する慰謝料請求権

大法院判決が認定しているのは、「原告らの損害賠償請求権は日本政府の韓半島に対する不法な植民支配および侵略戦争の遂行と直結した日本企業の反人道的な不法行為を前提とする強制動員被害者の日本企業に対する慰謝料請求権」であると言うのです。そして、これは、請求権協定の外であって、終わったとは言えないとしています。大法院判決は、相当詳細な理由を述べています。丁寧に読めば、大法院判決の論理は、理解できるでしょう。

それでは、大法院判決は、日韓請求権協定で何が終わったとみているのでしょうか？　大法

6　日弁連主催「「元徴用工」問題に関する弁護士向けセミナー」弁護士会館、２０１９年２月20日午後６時～午後８時30分。

院判決が、

サンフランシスコ条約締結後、ただちに第1次韓日会談（1952年2月15日から同年4月25日まで）が開かれたが、その際に韓国側が提示した8項目も基本的に韓日両国間の財政的・民事的債務関係に関するものであった。上記の8項目中第5項に「被徴用韓国人の未収金、補償金およびその他の請求権の返済請求」という文言があるが、8項目の他の部分のどこにも、日本植民支配の不法性を前提とする内容はないから、上記第5項の部分も日本側の不法行為を前提とするものではなかったと考えられる。従って、上記の「被徴用韓国人の未収金、補償金およびその他の請求権の返済請求」に強制動員慰謝料請求権まで含まれるとは言いがたい。

と言っていることに着目してください。

被徴用韓国人の未収金、補償金およびその他の請求権の返済請求

つまり、大法院判決は、「被徴用韓国人の未収金、補償金およびその他の請求権の返済請求」は、請求権協定に含まれていることは認めているのです。つまり、この問題は終わっているのです。しかし、対日請求の8項目に「日本植民支配の不法性を前提とする内容」は含まれていなかったし、「日本側の不法行為を前提とするもの」も含まれていなかったと見ているのです。結局、被害者らの「日本政府の韓半島に対する不法な植民支配および侵略戦争の遂行と直結した日本企業の反人道的な不法行為を前提とする強制動員被害者の日本企業に対する慰謝料請求権」は、未解決で終わっていないと言うのです。

同じ人が持っている権利でも、性質が全く違うので、終わったものと終わっていないものがあるという論理なのです。同じ人が、財産的な権利とは別に、身体と生命への権利を持っていることを想起してみればわかりやすいかもしれません。これらは性質がまったく違う権利なのです。だから、財産的な権利の問題が終わったとしても、身体と生命への権利の問題は終わっていないということは十分ありうることということになるのです。そして、**「反人道的な不法行為を前提とする強制動員」被害者の慰謝料請求権は、身体と生命への権利と同様に終わっていないという結論が導かれるのです。**

この関係を表にして見るとわかりやすいでしょう。

	請求権の性質	請求権の内容
協定内	財政的・民事的債務関係	被徴用韓国人の未収金、補償金及びその他の請求権の返済請求
協定外	日本植民支配の不法性を前提	不法な植民支配と直結した反人道的な不法行為＝慰謝料請求権

2. 日本軍「慰安婦」問題との比較

「反人道的な不法行為を前提とする強制動員」被害者の慰謝料請求権は、なぜ1965年日韓請求権協定によってもなくなっていないのでしょうか？　その理由は、日本軍「慰安婦」問題をめぐって論議された法理論と比較すると、わかりやすいかもしれません。

筆者は、1992年2月国連人権委員会で日本軍「慰安婦」問題などについて提起したことがあります。ところが、それ以降ずっと日本政府は、この問題は解決済みと言い続けてきました。その中心的な論理は、韓国の国民がもつ個人請求権は、サンフランシスコ平和条約と1965年日韓請求権協定で処理済みという主張だったのです。前述したように筆者は、この日本政府の主張を**「条約の抗弁」**と呼んできました。ここで、「条約の抗弁」とは、元「慰安婦」被害者が日本政府に対してその尊厳と名誉の回復等を求めて謝罪等を要求している事件について、被害者の地位が、サンフランシスコ平和条約、日韓請求権協定第2条の規定によって処理済みであって、元「慰安婦」被害者は、日本政府に対してなんら要求する地位を持たないし、被害者の権利を擁護するための韓国政府の外交保護権も失われているとする主張を総称しています。この「条約の抗弁」についての法律論は、そのまま徴用工問題に関連する日本政府側の議論ととても類似しているのです。

筆者は、1995年国連北京世界女性会議に提出された日弁連の「慰安婦」問題についての意見書の作成準備に参加し、この「条約の抗弁」について研究してきました。それ以降最近まで研究を重ね、この「条約の抗弁」が法的には間違っていると主張し続けてきたのです。ところが、日本政府は、徴用工問題についての大法院判決についても、同じ「条約の抗弁」を持ち出して反発しているのです。

筆者が１９９２年２月に日本軍性奴隷問題を国連人権委員会で提起し、国連に調停を要請したときには、強制労働被害者の問題をも含めて発言しました。１９９２年５月の国連現代奴隷制部会以降、これらの問題がＩＬＯ29号強制労働条約（日本は１９３２年批准）違反であると訴えました。心強いことに、後に、ＩＬＯの専門家委員会から双方とも日本によるＩＬＯ条約違反として認められ、順次勧告が出されるという画期的な成果が得られました。[7] ２０１８年10月30日の徴用工の人権侵害に関する大法院判決は、ＩＬＯ専門家委員会の勧告が韓国の司法府の判断を通じて実現したと見てもよいのかもしれません。

管轄の問題もあり、国連では、性奴隷として「慰安婦」問題に審議が集中しました。強制労働の問題は、ＩＬＯ条約の違反ですから、ＩＬＯ専門家委員会が対応したのです。もちろん、強制労働・徴用工の問題（企業による加害行為）と「慰安婦」問題（軍＝国家による女性に対する加害行為）は、違いがあります。例えば、徴用工の動員の場合は、国家総動員法とか募集・官斡旋・徴用とか国内法上の動員の法的な根拠が一応はあったのです。これに対して、日本軍「慰安婦」の場合は、秘密制度で公娼制度の枠外にあったものですから、国内法上動員の法的な根拠が見つかりませんでした。

日韓交渉の際に韓国政府が示した対日請求８項目のなかに、「被徴用韓国人の未収金、補償金およびその他の請求権の返済請求」という項目があるのです。この被徴用者のなかに、日本軍「慰安婦」が入っていないことは、通常の言葉の意味から明らかです。それにもかかわらず、日本政府は、サンフランシスコ平和条約と日韓請求権協定により解決済みと言い続けたのです。国内法上外形的には適法に動員された労働者の場合は、通常の言葉の意味からは、一応この項目が入っていると解釈できます。この点で、「慰安婦」問題と徴用工問題は違いがあります。しかし、徴用工の場合も、**「反人道的な不法行為を前提とする強制動員」被害者の慰謝料請求権**の問題（日本政府が否定し続けた）は、その外にあってこの項目の中には含まれていなかったという解釈こそが、大法院判決の判断の核心部分です。

しかし、重要な共通点もあるのです。それは、双方とも問題になるのが、**「反人道的な不法行為を前提とする強制動員」被害者のヒューマンライツに関わる重大な人権侵害だという点**です。特に国際法（ＩＬＯ29号強制労働条約）違反であり、国際法に違反する処罰されるべき重大な人権侵害の不法行為だった点では同じなのです。

つまり、国際法に違反する処罰されるべき「世界人類に対する国際犯罪」なのですから、一

7　戸塚悦朗『ＩＬＯとジェンダー』日本評論社、２００６年。

部の国が勝手に無きものにすることはできません。サンフランシスコ平和条約は、米国中心の一部諸国によって片面的に締結されました。朝鮮戦争と冷戦のさなかであったという国際政治的な状況はあったものの、国連常任理事国であったソ連も中国も、当事国であった南北朝鮮政府も招かれていませんでした。この会議は、世界人類を代表するものとはとても言えません。ですから、**「サンフランシスコ平和条約の枠組み」**にしても、世界人類に対する国際犯罪を無きものにしたり、免責・免除することはできませんでした。

その上、韓国大法院は韓国の植民地支配が「不法」だったと言うのですから、そうであれば国家総動員法その他の動員の根拠となった国内法上の制度も（韓（朝鮮）半島に関する限り）すべて不法・無効だったと考えるしかありません。この点は、双方（「慰安婦」問題も「徴用工」問題も）とも同じです。ですから、大法院判決が言う**「反人道的な不法行為を前提とする強制動員」**である点で、双方は同じだったと言えるのです。

このように見てくると、徴用工問題についての韓国大法院判決を理解するためには、日本軍「慰安婦」問題について日韓請求権協定によって解決済みという「条約の抗弁」が国際法に照らして誤りであるという論理を思い出してみることがよいでしょう。そうすれば、もっともな考えと言えるかもしれないことがわかることでしょう。

私は、崔鳳泰《チェボンテ》弁護士の依頼で、韓国憲法裁判所に対して、日本政府の「条約の抗弁」を批判し、これを誤りであるとする意見書（２００９年４月４日）[8]を提出したことがあります。そのときの筆者の意見は、大法院判決の論理と共通する点が多いのです。とても興味深いことなのですが、この意見書で述べた筆者の研究成果は、大法院判決が「条約の抗弁」を退けた理由と一致する部分が大きいのです。そこで、筆者の意見書の重要なポイントをあげてみますと、大略以下のとおりです。

・日韓請求権協定はあくまで財産権等経済問題を解決するためのものであり、人権侵害に関するものではなかった。この点については、筆者の意見は日弁連や国連機関の意見と一致しています。

・ヒューマンライツ、すなわち人権侵害の被害者の「固有の尊厳と平等で譲ることのできない権利」は、本人ですら譲ったり放棄したりすることが認められていない地位、権利であり、それを国家が（平和条約によってでも）勝手に剝奪することは、国連憲章（１９４５年）と

8 「元日本軍「慰安婦」被害者中立にかかる事件に関し大韓民国憲法裁判所へ提出された意見書――いわゆる「条約の抗弁」について」龍谷法学42巻1号、２００９年、１９３－２２２頁。

世界人権宣言（1948年）によって許されていません。
・日韓交渉の過程で、日本政府代表は、植民地支配当時韓国人に対する不法行為はなかったとし、もし不法行為があったことが証明されれば、それについては賠償を支払うと示唆していたのです。

それでは、意見書の要旨をもう少し詳しく以下に紹介したいと思います。

「条約の抗弁」は誤り

日本政府が繰り返してきたいわゆる「条約の抗弁」は、大韓民国国民である元「慰安婦」に関して、根拠がありません。

元「慰安婦」らが日本軍政府によって性奴隷とされた事件について、日本政府に対して元「慰安婦」らが持つ奴隷被害者としての地位は、日韓請求権協定によっても失われていないし、また被害者らの地位を保護するための韓国政府の外交保護権も失われていないとするのが意見書における筆者の意見の結論です。

なぜなら、日韓請求権協定やサンフランシスコ平和条約の以下の関連する条文を参照しても、

「慰安婦」被害者がその尊厳と名誉の回復等を求める権利（地位）を失ったと解釈できないからです。

［日韓請求権協定の関係条文］

日韓請求権協定第2条[9]

1　両締約国は、両締約国及びその国民（法人を含む。）の財産、権利及び利益並びに両締約国及びその国民の間の請求権に関する問題が、千九百五十一年九月八日にサン・フランシスコ市で署名された日本国との平和条約第四条（a）に規定されたものを含めて、完全かつ最終的に解決されたこととなることを確認する。

サンフランシスコ平和条約会議には、韓国は招かれませんでした。しかし、日韓請求権協定

9　［文書名］日韓基本条約の関係諸協定、日韓請求権並びに経済協力協定（財産及び請求権に関する問題の解決並びに経済協力に関する日本国と大韓民国との間の協定）［年月日］1965年6月22日、［出典］日本外交主要文書・年表（2）584－586頁、外務省条約局「条約集・昭和40年（二国間条約）」。（データベース『世界と日本』、戦後日本政治・国際関係データベース、東京大学東洋文化研究所田中明彦研究室を参照。）

は、以下の定めに基づいて、締結されました。

［サンフランシスコ平和条約の関係条文］

サンフランシスコ平和条約第4条[10]

（a）この条の（b）の規定を留保して、日本国及びその国民の財産で第2条に掲げる地域にあるもの並びに日本国及びその国民の請求権（債権を含む。）で現にこれらの地域の施政を行っている当局及びそこの住民（法人を含む。）に対するものの処理並びに日本国におけるこれらの当局及び住民の財産並びに日本国及びその国民に対するこれらの当局及び住民の請求権（債権を含む。）の処理は、日本国とこれらの当局との間の特別取極の主題とする。第2条に掲げる地域にある連合国又はその国民の財産は、まだ返還されていない限り、施政を行っている当局が現状で返還しなければならない。（国民という語は、この条約で用いるときはいつでも、法人を含む。）

筆者の見解は、以下のように、日弁連ばかりか国連機関、国際的に名高いNGOによる判断とも一致しています。

日弁連による日韓請求権協定第2条の解釈

筆者は、日本弁護士連合会（日弁連）海外調査特別委員として、元「慰安婦」の地位に関する日弁連の調査研究活動に参加しました。なかでも、日韓請求権協定第2条の請求権放棄条項の解釈に関する研究は、今日でも参照に値する極めて重要なものです。

その成果は、日本弁護士連合会理事会により、1995年1月には『「従軍慰安婦」に関する提言』[11]（『提言』）として採択されました。また1995年6月28日には「『「従軍慰安婦問題」に関する提言』の補足説明書」（「補足」）[12]も日弁連により公表され、ラディカ・クマラスワミ国連人権委員会女性に対する暴力に関する特別報告者の訪日調査に際して、同特別報告者に提出されました。また、これらの『提言』及び「補足」の英訳は、日弁連理事会により、1995年9月北京世界女性会議に提出されました。

10　日本国との平和条約、1952（昭和27）年4月28日条約5号、1951（昭和26）年9月8日サン・フランシスコで署名、11月18日国会承認、同日内閣批准、11月19日批准書認証、11月28日批准書寄託。
11　『提言』は、日本弁護士連合会編『問われる女性の人権』こうち書房、1996年、97－134頁。
12　「補足」は、前掲『問われる女性の人権』135－160頁。

この『提言』と「補足」を総合しますと、日本政府の「条約の抗弁」が誤りであることが理解できると思われます。１９６５年に日韓基本条約、日韓請求権協定（第２条）が締結されました。また、これらの締結に伴って制定された１９６５年12月17日法律第１４４号「財産及び請求権に関する問題の解決並びに経済協力に関する大韓民国との間の協定２条の実施に伴う大韓民国等の財産権に関する措置に関する法律」の制定にもかかわらず、「協定、これに伴う国内法のいずれにも「従軍慰安婦」に対する損害賠償の問題は含まれておらず未だ解決されていないのである」としているのです[13]。

その理由と結論については、筆者は、現在でも批判に耐えるものと考えています。

国連機関等による日韓請求権協定第２条の解釈

その後、国連機関等も日弁連と同様の見解を表明しています。その主なものは、以下のとおりです。

・ＩＣＪ調査団報告書

世界的に声名の高い国連ＮＧＯである、国際法律家委員会（ＩＣＪ）は、１９９３年４月韓国及び日本などに真相調査団を派遣し、１９９４年11月『ＩＣＪ報告書』[14]を公表しました。これは日本語に翻訳されて出版されましたので参照してください。[15]

『ＩＣＪ報告書』は、日韓請求権協定について研究し、「日本の国内的、国際的主張とは逆に、この条約は、日本の朝鮮の植民地支配時代に受けた非人間的処遇に関して、個人によってまたは個人に代わってなされる請求をも含んでいないし、また含む意図もなかった」と結論しているのです。[16]

・クマラスワミ報告書

ラディカ・クマラスワミ国連人権委員会女性に対する暴力に関する特別報告者は、１９９５年７月韓国及び日本を訪問調査し、１９９６年１月国連人権委員会に対して『戦時における軍

13 「補足」中の「D．大韓民国」の項、１４６－１５０頁。
14 DOLGOPOL, Ustinia & PARANJAPE, Snehal, *Comfort Women: an unfinished ordeal Report of a Mission by International Commission of Jurists*, ICJ, (1994).
15 国際法律家委員会著『国際法から見た「従軍慰安婦」問題』明石書店、１９９５年。
16 英語版では、１６２頁。日本語版では、１８３頁。

事的性奴隷問題に関する朝鮮民主主義人民共和国、大韓民国および日本への訪問調査に基づく報告書』[17]を提出したのですが、その英文原文は同年2月国連により公表されました。

同報告書は、「特別報告者の見解によれば、サンフランシスコ講和条約も二国間条約も、人権侵害一般に関するものでないばかりか、とくに軍事的性奴隷制に関するものでもない。当事国の「意図」は、「慰安婦」による特定の請求を含んではいなかったし、かつ同条約は日本による戦争行為の期間中の女性の人権侵害に関するものでもなかった。したがって、特別報告者の結論として、同条約は、元軍事的性奴隷だった者によって提起された請求を含まないし、かつ日本政府には未だに国際人道法の引続く違反による法的責任がある。」と判断したのです。[18]

・マクドゥーガル報告書

ゲイ・マクドゥーガル国連人権小委員会戦時性奴隷等に関する特別報告者は、1998年6月22日『武力紛争下の組織的強姦、性奴隷及び奴隷制類似慣行に関する最終報告書』[19]を国連人権小委員会に対して提出しました。

『マクドゥーガル報告書』は、「57．日本政府はこうした犯罪への関与を長期にわたって隠してきており、そのうえ法的責任を否定し続けてきた。したがって、戦後処理協定その他の条約は「慰安婦」に関連したあらゆる請求権を解決するものであったと日本政府が主張することは、不当である。条約調印国は、当時日本軍と直接関連すると見られていなかった行為に対する請求権まで含まれていると予見できたはずはない。58．１９６５年の「財産及び請求権に関する問題の解決並びに経済協力に関する日本国と大韓民国との間の協定」の内容を見れば、この条約が当事国間の「財産」請求問題の解決をめざした経済条約であり、人権問題に取り組んだものでないことは明白である。この条約には、「慰安婦」、強姦、性奴隷制その他、韓国の民間人

---

17 The Addendum (UN Doc. E/CN.4/1996/53/Add.1) of the first report in 1996 to the Commission on Human Rights made by Ms. Radhika Coomaraswamy the Special Rapporteur on Violence Against Women focused on the military sexual slavery by Japan. http://www.unhchr.ch/Huridocda/Huridoca.nsf/TestFrame/b6ad5f3990967f3e802566d600575fcb?Opendocument visited on 26/3/2009.『クマラスワミ報告書』の日本語訳は、前掲『問われる女性の人権』１６３－２１７頁。

18 『クマラスワミ報告書』パラグラフ１０８。

19 In the appendix to the Final Report on systematic rape, sexual slavery and slavery-like practices during armed conflict (UN Doc. E/CN.4/Sub.2/1998/13) submitted by the Special Rapporteur on systematic rape, sexual slavery and slavery-like practices during armed conflict to the UN Sub-Commission of Human Rights. http://www.unhchr.ch/Huridocda/Huridoca.nsf/TestFrame/3d25270b5fa3ea998025665f0032f220?Opendocument visited on 26/3/2009. 日本語訳は、VAWW-NET Japan翻訳『戦時性暴力をどう裁くか』凱風社、１９９８年、21－１２１頁。

に対する日本人の残虐行為への言及はない。……59．しかも、韓国側代表が日本に示した請求の概要を見れば明らかなとおり、」「85．……この交渉には、戦争犯罪や、人道に対する罪、奴隷条約の違反、女性売買禁止条約の違反、さらに国際法の慣習的規範の違反に起因する個人の権利侵害に関する部分はまったくない」。「86．……日本はその一方で西側諸国に対しては文書ではっきりと謝罪し、個人の権利侵害への損害賠償支払いに同意しながら、韓国人に対しては同じことをしなかった」。「87．……したがって、日韓協定第2条で使用される「請求権」という用語は、このような事実が背景にあるという文脈で解釈しなくてはならない。日韓協定に基づいて日本が提供した資金は、明らかに経済復興を目的としたものであり、日本による残虐行為の個々の被害者に対する損害賠償のためのものではない。1965年の協定はすべてを包含するような文言を使用しているが、このように、二国間の経済請求権と財産請求権のみを消滅させたものであり、個人の請求権は消滅していない。したがって日本は、自己の行為に現在でも責任を負わねばならない[20]」としています。

国連人権小委員会決議

極めて重要なことなのですが、1999年8月26日、『マクドゥーガル報告』等の研究の蓄積に基づいて、日本軍性奴隷問題などをめぐる激しい議論を展開した国連人権小委員会は、組織的強姦、性奴隷、奴隷用慣行に関して被害者個人及び国家の権利及び義務を平和条約、協定などの手段によって国際法上消滅させることはできないことに留意する決議[21]を採択（15対2、棄権5）しました。国連の人権機関であり、独立の専門家からなるパネルがこのような法的原則に留意したことを想起することは極めて重要です。

ここで、注目すべきなのは、問題となっている「慰安婦」被害者が、「奴隷」の被害者の人権であることであり、奴隷はすでに20世紀初頭までに国際慣習法によって禁止されていたという国際的法秩序を確認したものと考えられることです。筆者が会った国連人権委員会、同小委員会に参加していた専門家（日本人専門家を含む）で、これを否定した人はいませんでした。政府代表（米国政府代表を含む）も同様で、これを争ったのは、日本政府代表だけだったので

20 『マクドゥーガル報告書』パラグラフ57－59。

21 Sub-Commission resolution 1999/16 on Systematic rape, sexual slavery and slavery like practices. "13. Notes that the rights and obligations of States and individuals with respect to the violations referred to in the present resolution cannot, as a matter of international law, be extinguished by peace treaty, peace agreement, amnesty or by any other means;" http://www.unhchr.ch/Huridocda/Huridoca.nsf/(Symbol)/E.CN.4.SUB.2.RES.1999.16.En?Opendocument visited on 26/3/2009.

す。

これは、奴隷禁止に関する諸条約のみならず、1948年12月10日に国連総会によって採択された世界人権宣言が、その4条で「何人も、奴隷にされ、又は苦役に服することはない。奴隷制度及び奴隷売買は、いかなる形においても禁止する。」と定めたことでも確認されています。世界人権宣言前文は、奴隷被害者の地位を含め、被害者個人の人権に注目して、その第1文で、「人類社会のすべての構成員の固有の尊厳と平等で譲ることのできない権利とを承認することは、世界における自由、正義及び平和の基礎である」と宣言しました。要するに、奴隷の被害を受けた人の地位は、国際社会によって「固有の尊厳と平等で譲ることのできない権利」を持つことが確認されているのです。この「固有の尊厳」は、どのように貧しい者にも、女性であっても、人類の構成員の一人であれば、必ず持つ地位・権利であり、しかもこれは「譲ることのできない権利」であることが確認されているのです。その一身専属の人権であり、本人でさえ譲ったり放棄したりすることが認められていない地位、権利を、どのような方法であろうと（ここでは、平和条約締結のような行為が問題になっていますが）、国家が勝手に奪い去ることができないことは、当然のことです。この当然の法理が、世界人権宣言の採択によってすでに確認されているのです。

1965年日韓請求権協定が、国連憲章（1945年制定）及び世界人権宣言（1948年制定）の後に締結されていることに注目すべきです。日韓政府によって締結された条約・協定が、確立された国際的な法秩序を無視して締結されたと解釈することは、国連憲章が認めた人権を基調とする国際秩序を破壊する行為であると言わざるを得ません。国連憲章・世界人権宣言が確認している国際秩序を破壊する行為は、いずれの国家、いずれの国家の司法行政立法各府にも許されていません。日本政府にも、韓国政府にも許されていませんし、もちろん韓国憲法裁判所にも許されていないことです。

これは、韓国憲法裁判所に提出した意見書ですから、韓国憲法裁判所には、国連総会が、被害者の権利を「譲ることのできない権利」とした世界人権宣言と、それを認めた国際的な法秩序をさらに具体化した、独立の専門家のパネルである人権小委員会により確認されたこの重要な原則を深く考察するよう、強く要請しました。仮に、裁判所として、これに反する解釈を採用するなら、それは、法解釈という裁判所の行為によって、被害者の「固有の尊厳と平等で譲ることのできない権利」を剥奪することになるでしょう。そればかりか、その結果は、「世界における自由、正義及び平和の基礎」を掘り崩すことに裁判所が手を貸したこととなると評価せざるを得ないのです。

筆者のその後の研究

以上は、主に日弁連や国連による研究の成果です。筆者はその後も、「慰安婦」問題をめぐる請求権協定についての研究を続け、二つほど重要だと思える調査結果を得ましたので、この二つも、韓国憲法裁判所への意見書に加えて提出しました。

まずひとつは、日韓交渉のなかで久保田貫一郎が「日本の不法行為が明らかになった場合は賠償する」という趣旨の発言をしていたことを資料（原本）に基づいて裏づけたことです。[22]

これまで日本政府は、日韓会談以来、併合条約の合法性と植民地時代に「慰安婦」問題をはじめ不法行為がなかったことを主張し続けてきましたが、日韓会談のなかで植民地支配を肯定した「妄言」で有名な久保田貫一郎が、東南アジア占領中の不法行為を認めながら、韓国においても「不法行為があったら賠償する」という発言をしていたのです。日韓会談当時、「慰安婦」問題はまだその事実が明らかになっていなかったのですから、「（不法行為の）事実が明らかになったら賠償する」という発言は決定的に重要な意味を持つものです。

このことを最初に明らかにしたのは、1992年の韓国の『東亜日報』の次のような報道でした。

故金溶植元外務部長官の証言と久保田発言

故金溶植《キムヨンシク》元外務部長官は、1992年『東亜日報』に対して、日韓請求権協定の締結に至る日韓交渉の協議経過を示す非公開記録（東亜日報の1面に写真が掲載された）を示し、「慰安婦」被害者のような日本による不法行為に関する問題についてインタビューに応じました。そのなかで、金元長官は、その記録に記載されている久保田日本政府首席代表の発言を根拠にして、「韓国政府は、不法行為の被害者である元「慰安婦」の個人請求権を放棄しなかった」ことを説明したのです。

以下、長くなりますが、『東亜日報』の記事の日本語訳を引用します。

東亜日報1992年6月16日報道（1面トップ記事。韓日会談記録の久保田発言の部分〔写真1〕および金溶植元外務部長官の写真入り）の日本語訳

22　この調査研究は、東北亜歴史研究財団の助成により可能になった。同財団のご協力に感謝します。なお、この調査研究は、2009年1月20日東京で開催された戦後補償フォーラム「戦後補償裁判の現況と今後の課題2009―2008年戦後補償裁判の到達点と課題を考える」において発表した。

http://www.donga.com/fbin/dfview?n=9206160000101928から韓国語記事本文。

〈日本、53年「日帝不法行為責任」表明　挺身隊等賠償根拠ある〉
〈当時日本代表久保田発言録初めて確認〉
〈65年請求権妥結のとき議論にならず、政府レベルの再協議開く必要〉
〈金溶植前外務部長官本誌インタビューで真相公開〉

韓日国交正常化のための交渉が続いていた去る53年の韓日会談で、日本側は、日帝の韓国人に対する不法行為が明らかになった場合、賠償する意思があることを公式に表明していた事実が最近明らかになった。〈2面に関連記事〉

これは最近、韓日間の懸案となっている従軍慰安婦および日帝の韓国人に対するその他の不法行為に対する賠償問題と関連し、韓国政府が日本側に交渉再開を求めることができる主要な根拠にすることができるという点で大きく注目されている。

また、去る65年の日韓基本条約締結以降、韓国が対日請求権の行使によって受けた無償3億ドル、有償2億ドルには、日帝の不法行為に対する賠償は含まれていないという新しい主張も出てきて、今後、韓日間の新しい争点になると見られる。

現在、日本政府は、65年に締結された日韓基本条約で韓国のあらゆる対日請求権問題が一括妥結されたという立場の下、政府レベルの賠償を拒否しており、これによって、韓国人被害者は、個別に日本の裁判所に賠償訴訟を提起している。

このような事実は、去る51年から57年まで駐日代表部の首席公使にありながら、2次と3次韓日会談の首席代表を務めた金溶植元長官（79歳）が15日、本紙が行った韓日会談に関するインタビューで明らかにした。

金前長官は、去る53年10月13日午前10時40分から午前11時55分までに、日本の外務省で開かれた第3回本会談の第2回の本会議で久保田貫一郎日本側の首席代表が「今後、日本側の不法行為の事実が明らかになる場合は、賠償をする」と公式に約束したと証言した。

このような発言内容は、現在、外務部が保管している韓日会談の会議録に残っていることが確認された。

本社が確認した、当時、久保田首席代表の発言内容は、「日本は戦争中、東南アジア諸国から略奪したものや破壊したものなどに対して賠償をしようとしているが、日本は韓国ではそのような事実がないので、賠償することはないと思う。もしあるなら、賠償するだろう」と記録されている。当時、この会議には、金前長官をはじめ、崔圭夏《チェギュハ》前大統領、故

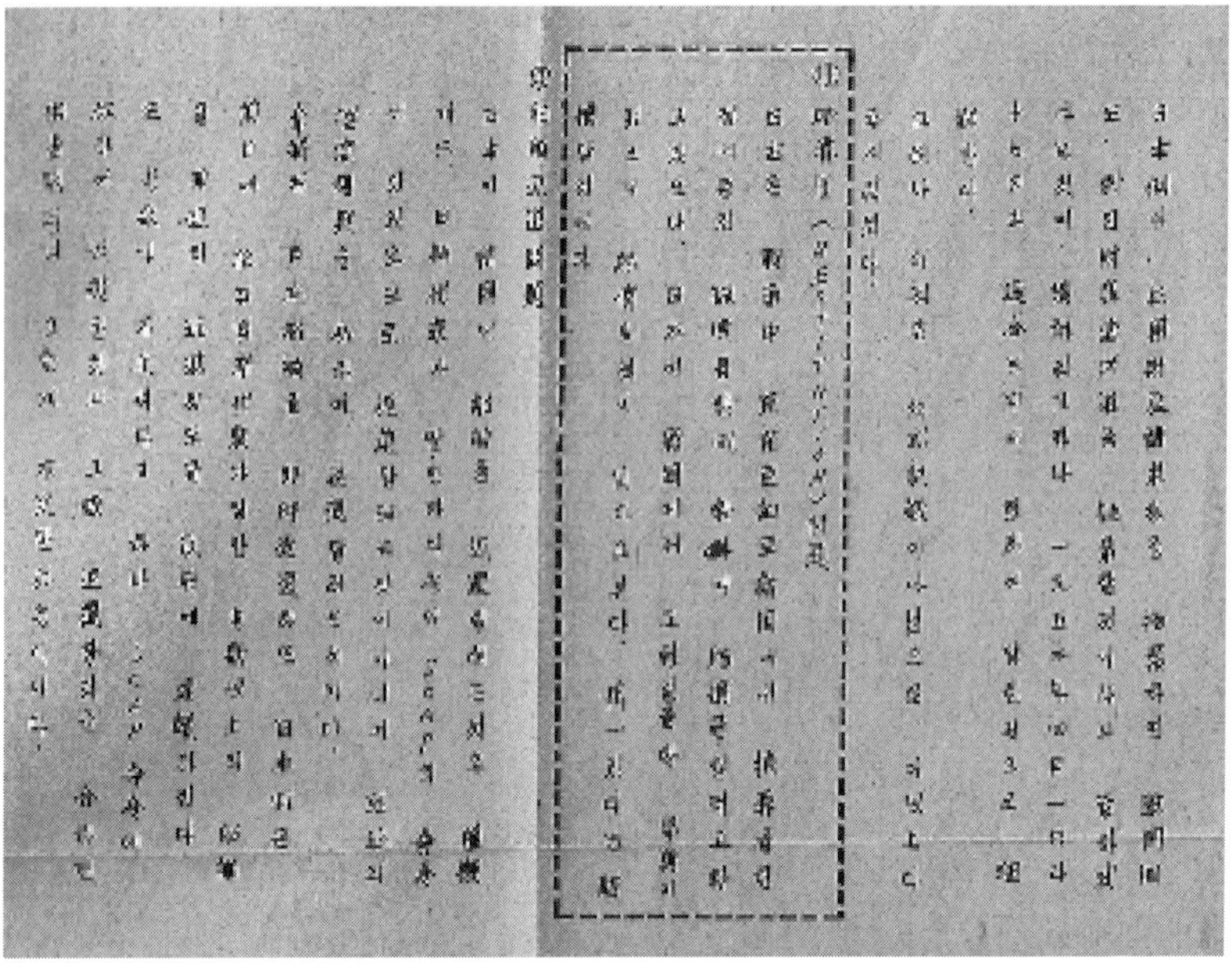

写真１　『東亜日報』1992年６月16日報道の韓日会談記録の久保田発言の部分（破線で囲った箇所）の写真

洪璡基《ホンジンギ》（前法務部長官）など、韓国側から10人が代表として出席した。

久保田は、韓国に対する日帝の植民地支配が韓国の発展に寄与した点もあると妄言をした張本人である。

金前長官は、当時、韓日会談は、太平洋戦争の戦勝連合国側が立てた原則に基づいて、日帝が奪った金塊、文化財および労務者の賃金などの返還を受ける〝原状回復〟のレベルでのみ交渉が行われたために、従軍慰安婦問題などは韓国側が取り上げなかったと述べた。

金前長官は、しかし、「賠償問題は取り上げていないだけで、放棄したわけではないので、今からでも、韓国政府はこの問題についての交渉を日本側に要求しなければならない」と述べ、「日本から得た無償援助3億ドル、有償援助2億ドルは、主に〝原状回復〟問題を議論した日韓会談の過程を総合して金額を定めたものであるだけで、賠償問題は含まれていない」と強調した。

彼は、韓日基本条約締結当時、韓国政府が〝賠償〟の問題などを十分に考慮せず、政治的にのみ、急いで妥結しようとしたために、今のような問題が発生したと指摘した。

一方、韓国外国語大学李長熙《イジャンヒ》教授（国際法）は、「久保田首席代表の発言は、日本の国家機関の資格でしたもので、政治的、道徳的な拘束力を当然備えている」と言い、「これを機会に、韓国政府はあやふや姿勢を捨てて、日本側に正式に賠償を要求すべきだ」と言った。

・韓日会談記録原本の確認

実に重大な報道です。しかし、この報道が真実かどうかは、日韓会談の議事録の原本にあたって確かめる必要があると考えました。そこで、筆者は、1998年当時、韓国政府外交文書を保管していた公文書館に対して、その確認を求めました。しかし、当時は、日本政府の求めに応じて日韓交渉経過は秘密扱いとされていて、韓国政府はその閲覧を許可しなかったのです。その後、韓国政府によってこの記録が公開されたことを知り、筆者は、2008年12月再度韓国政府公文書館を訪れ、記録原本と東亜日報に報道された写真の照合を行いました。その結果、東亜日報の報道写真（写真1）は、日韓会談交渉記録原本そのものではなかったのですが、記載内容は、原本と同一であることを確認できたのです。報道写真は、原本をもとに韓国政府外務部によって作成されたリプリントであると推定されました。

・調査結果の結論

したがって、金元外務部長官の説明の根拠とされた非公開文書の写真（写真1）の内容は、原本（写真2〜4）との照合により真実であったことが証明されました。日本政府が、この資料と事実を隠し続けてきただけに、このことが証明できたことは、研究の重要な進歩であると考えます。これを可能にした、韓国政府の関係文書公開の英断に感謝いたします。

国際仲裁の判例の調査

・「その他」の解釈問題に関連して

もうひとつ、これは国際法の法文解釈上の大変細かな問題になりますが、日韓請求権協定について、本当に「慰安婦」問題や徴用工問題の提訴を阻むような、国際法の解釈の「余地」（「抜け道」）が残されていないかを精査する必要がありました。その調査結果についても、先の韓国憲法裁判所への意見書に加えたのです。

ご存知のように、日本政府は繰り返し、日韓請求権協定（第2条）によって、「両締約国及びその国民（法人を含む）の財産、権利及び利益並びに両締約国及びその国民の間の請求権に関する問題」は「完全かつ最終的に解決」されており、韓国側が「いかなる主張もなしえない」ことを主張しています。この「いかなる主張もなしえない」という表現は、請求権協定第

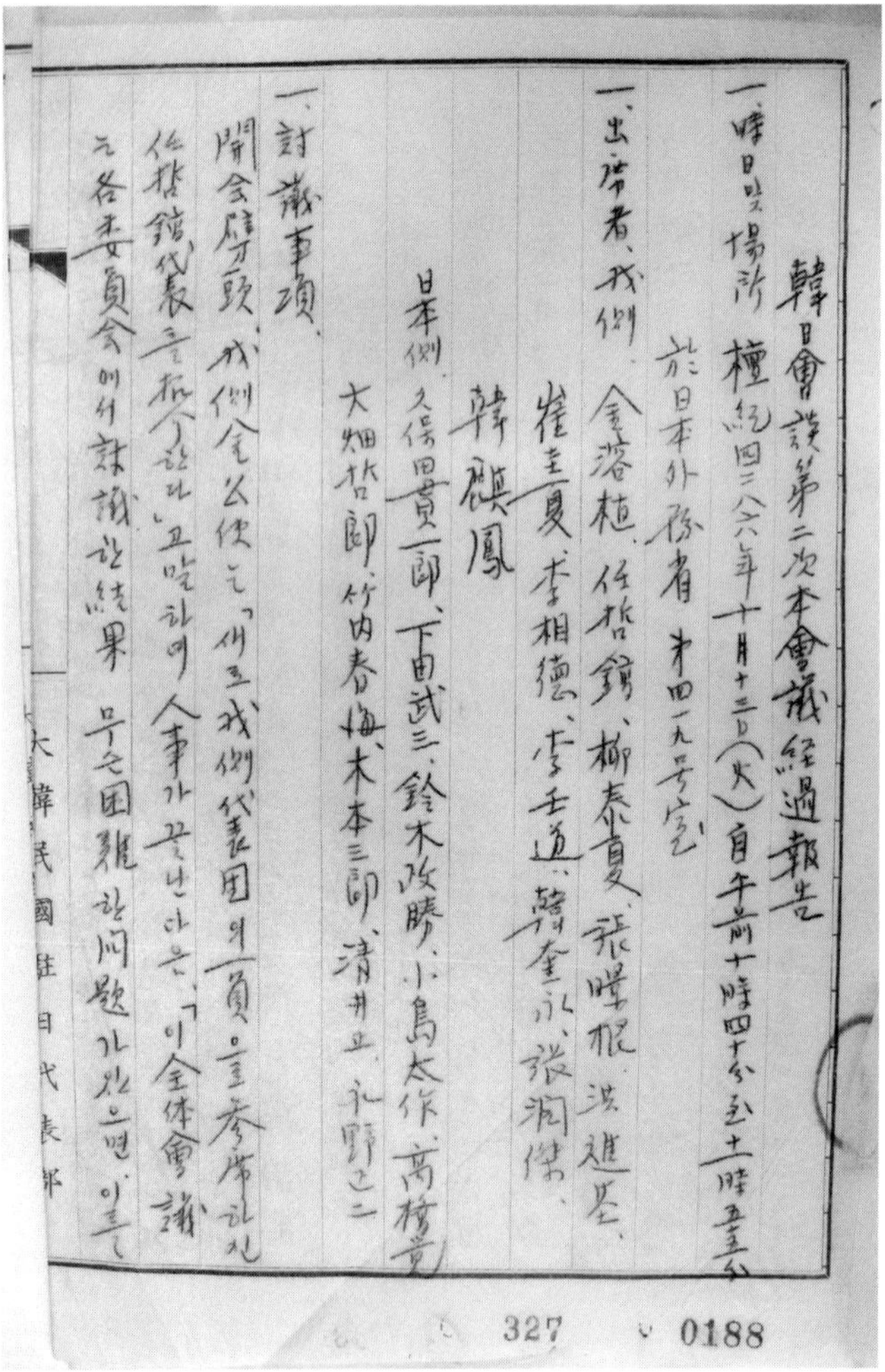
韓日會談第二次本會議経過報告
一、時日및場所 檀紀四二八六年十月十三日(火) 自午前十時四十分至十一時五五分
於日本外務省 第四一九号室
一、出席者、我側 金溶植、任哲鎬、柳泰夏、張暻根、洪璡基、
崔圭夏、李相德、李壬道、韓奎永、張湖傑、
韓祺鳳
日本側 久保田貫一郎、下田武三、鈴木政勝、小島太作、高橋覚
大畑哲郎、竹内春海、木本三郎、清井正、和野正二
一、討議事項
開会劈頭、我側金公使는「새로 我側代表団의 一員으로 参席하신
任哲鎬代表를 紹介한다」고말하며 人事가 끝난 다음「이 全体會議
는 各委員会에서 討議한 結果 무슨 困難한 問題가 있으면 이를
大韓民國駐日代表部
327 0188

写真２　1953年10月13日午前10時40分から午前11時55分までに、日本の外務省で開かれた第３回本会談の第２回の本会議韓国政府報告書冒頭部分

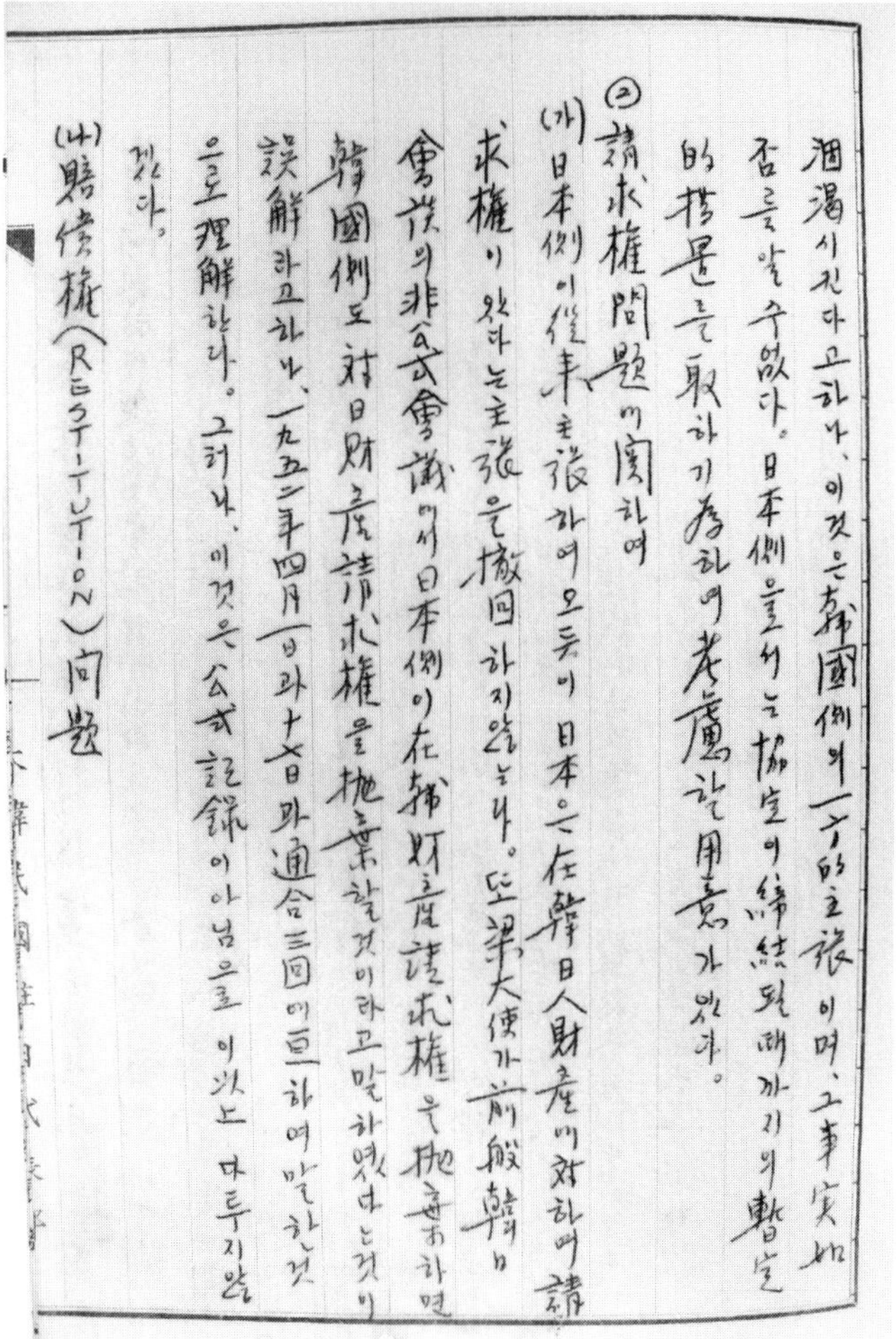
洒渴시킨다고하나、이것은韓國側의一方的主張이며、그事実如
否를알수없다。日本側으로서는協定이締結될때까지의暫定
的措置를取하기為하여考慮할用意가있다。
② 請求權問題에関하여
(가) 日本側이從來主張하여오듯이 日本은在韓日人財產에対하여請
求權이있다는主張을撤回하지않는다。또梁大使가前般韓日
會談의非公式會議에서日本側이在韓財產請求權을抛棄하면
韓國側도対日財產請求權을抛棄할것이라고말하였다는것이
誤解라고하나、一九五二年四月一日과十六日과通合三回에亘하여말한것
으로理解한다。그러나、이것은公式記錄이아님으로 이以上 따두지않
겠다。
(나) 賠償權(RESTITUTION)問題

329 - 0190

写真３　1953年10月13日午前10時40分から午前11時55分までに、日本の外務省で開かれた第３回本会談の第２回の本会議での久保田貫一郎日本側の首席代表の問題の発言部分は、最終行から

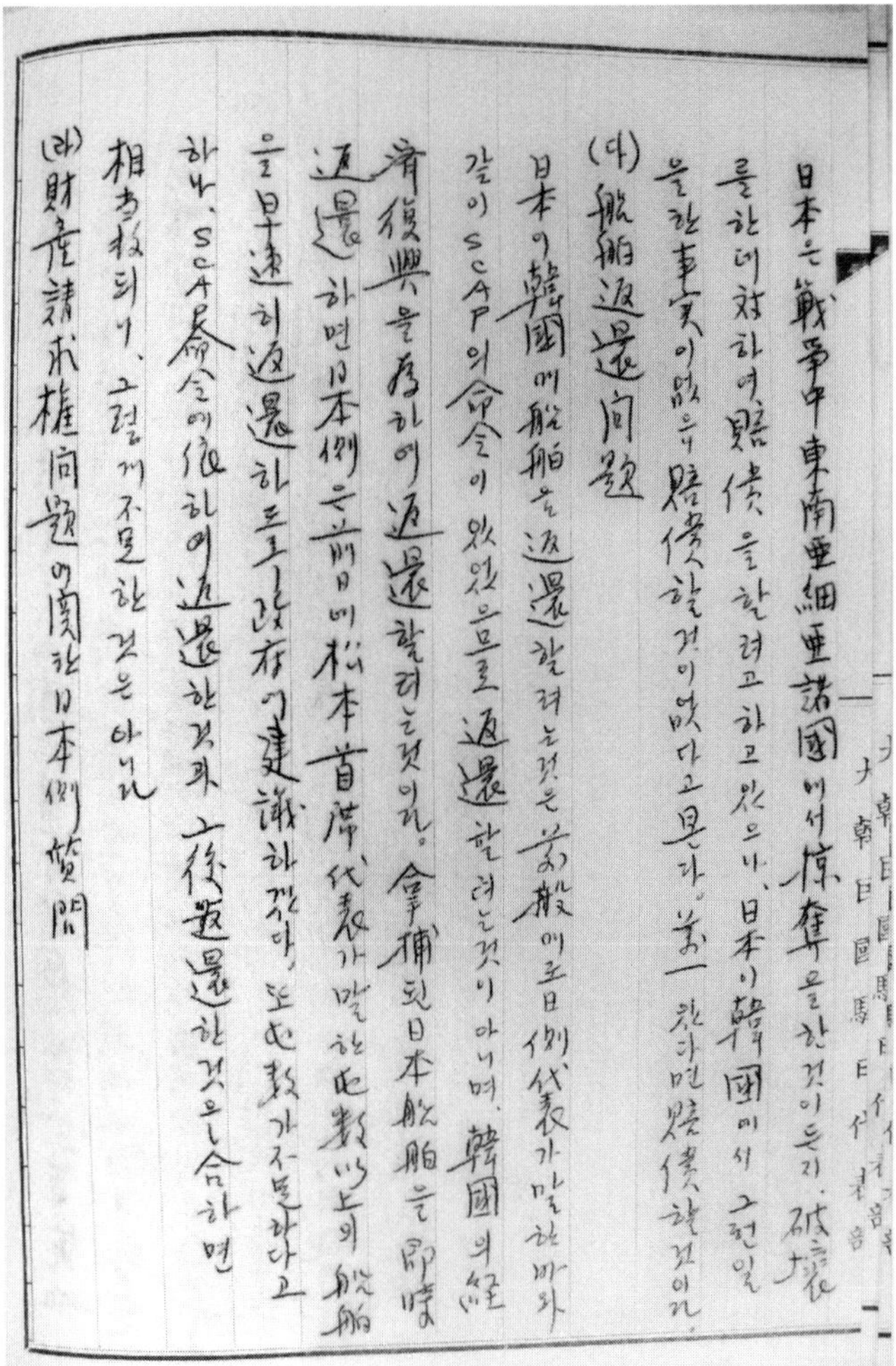

日本은 戰爭中 東南亞細亞諸國에서 掠奪을 한 것이든지 破壞
를 한데 對하여 賠償을 할려고 하고 있으나, 日本이 韓國에서 그런 일
을 한 事實이 없으니 賠償할 것이 없다고 본다. 萬一 한다면 賠償할 것이라.

(다) 船舶返還問題

日本이 韓國에 船舶을 返還할려는 것은 一般에도 日側代表가 말한 바와
같이 SCAP의 命令이 있었으므로 返還할려는 것이 아니며, 韓國의 經
濟復興을 爲하여 返還할려는 것이라. 拿捕된 日本船舶은 卽時
返還하면 日本側은 前日에 松本首席代表가 말한 比數以上의 船舶
을 早速히 返還하도록 現存의 建議하겠다. 또 此數가 不足하다고
하나, SCAP命令에 依하여 返還한 것과 今後 返還할 것을 合하면
相當數되니, 그렇게 不足한 것은 아니라.

(라) 財産請求權問題에 關한 日本側 質問

写真４　1953年10月13日午前10時40分から午前11時55分までに、日本の外務省で開かれた第３回本会談の第２回の本会議で久保田貫一郎日本側の首席代表の問題の発言部分の続きは、冒頭から３行目まで

2条3項と日韓両政府が請求権協定についてその内容を合意した議事録に見られる表現です。「財産及び請求権に関する問題の解決並びに経済協力に関する日本国と大韓民国との間の協定についての合意された議事録」がそれですが、日韓請求権協定の条文解釈について、日韓が合意した大変貴重な文書で、インターネットでも見ることができます。[23] 以下に、関連する条文を抜粋します。

協定第2条に関し、

（a）「財産、権利及び利益」とは、法律上の根拠に基づき財産的価値を認められるすべての種類の実体的権利をいうことが了解された。

（g）同条1にいう完全かつ最終的に解決されたこととなる両国及びその国民の財産、

23 「財産及び請求権に関する問題の解決並びに経済協力に関する日本国と大韓民国との間の協定についての合意された議事録」：以下に依拠した。データベース『世界と日本』、日本政治・国際関係データベース、東京大学東洋文化研究所 田中明彦研究室、［文書名］日韓請求権並びに経済協力協定、合意議事録（1）［場所］東京、［年月日］1965年6月22日、［出典］日本外交主要文書・年表（2）、593－595頁．外務省条約局「条約集・昭和40年（二国間条約）」http://www.ioc.u-tokyo.ac.jp/~worldjpn/documents/texts/JPKR/19650622.T1J.html 2009年3月30日閲覧。

権利及び利益並びに両国及びその国民の間の請求権に関する問題には、日韓会談において韓国側から提出された「韓国の対日請求要綱」（いわゆる8項目）の範囲に属するすべての請求が含まれており、したがって、同対日請求要綱に関しては、いかなる主張もなしえないこととなることが確認された。

以上を見ると明らかになるように、日韓協定2条で合意された内容は、まず第1に、「財産、権利及び利益」であって、「法律上の根拠に基づき財産的価値を認められるすべての種類の実体的権利」及び、これらに関する請求権に関する問題なのです。

第2に、「完全かつ最終的に解決されたこととなる両国及びその国民の財産、権利及び利益並びに両国及びその国民の間の請求権に関する問題」の核心は、「「韓国の対日請求要綱」（いわゆる8項目）の範囲に属するすべての請求」であることです。

したがって、問題の核心は、8項目をどのように解釈するかという問題になります。

日弁連は、これら8項目を詳細に検討したのですが、ことごとく、「財産的価値を認められるすべての種類の実体的権利」である「財産、権利及び利益」に関わる問題であるとの結論を得たので、『提言』と「補足」で公表しました。また、「請求権」についてもこれらの問題に関わるなんらかの争いがあって内容が具体的に確定していない請求をする権利と解すべきであり、本質的に「財産、権利及び利益」に関わる財産問題に関するものだとしたのです。

個別に検討すれば、8項目のうち第5項以外は論ずるまでもなく、この結論との齟齬はないのです。若干の検討を要する5項について以下検討してみたいと思います。5項は、[24]

5. 韓国法人または韓国自然人の日本国または日本国民に対する日本国債、公債、日本銀行券、被徴用韓国人の未収金、補償金およびその他の請求権の返済請求

a. 日本有価証券

b. 日本通貨

c. 被徴用韓国人の未収金

d. 戦争による被徴用者の被害に対する補償

e. 韓国人の対日本政府請求恩給関係

24　日本弁護士連合会編『問われる女性の人権』、こうち書房、1996年、146－147頁。

f．韓国人の対日本人または法人請求

g．その他

とされています。

このうち、本文の「被徴用韓国人の未収金、補償金およびその他の請求権の返済請求」ですが、これは法律によって徴用された韓国人に関わることです。この「被徴用韓国人」に、韓国人軍「慰安婦」が含まれるかを検討する必要があります。徴用は、当時の法令によってなされたものです。1990年国会質問に対しても政府は「慰安婦」制度の存在を否定したのですが、極秘制度である「慰安所」[25]に連れて行かれた韓国女性「慰安婦」の処遇等については、いかなる国内法も存在しなかったので、「被徴用韓国人」には含まれないことになります。したがって、この条文が軍「慰安婦」に適用がないことは明らかです。

「未収金、補償金およびその他の請求権の返済請求」というのも、国内法上認められていた財産的な価値を持つものに関するものであって、不法行為に関連するものではありません。

d．「戦争による被徴用者の被害に対する補償」ですが、前述の通り、軍「慰安婦」の存在は極秘であり、法外でなされたのであって、上記と同様「被徴用者」には含まれません。なお、ここで「被害」とあるのは、爆撃、戦闘などによる死亡、負傷などの損害を言うので、軍「慰安婦」の性奴隷被害のように国際法上違法な不法行為による被害を言うのではありません。

f.「韓国人の対日本人または法人請求」は、韓国人が日本人や日本法人に対して持つ財産的価値を認められるすべての種類の実体的権利とその請求を言うので、不法行為による請求を言うのではありません。

ここまでは、日本政府が極秘事項として、存在を隠していたような事項に関わらない、法的な根拠がある「財産的価値を認められるすべての種類の実体的権利」としての「財産、権利及び利益」及びその請求権に関するものしか列挙されていないのです。

したがって、軍「慰安婦」のような違法行為に関する問題は、含まれていないことが判明したのです。

g.「その他」をどう解釈するかが、残る問題です。

意見提出者は、その様な場合「その他」も、言葉の持つ通常の意味としては、問題になって

25 なお、これ等の合意がなされた1965年時点では、日本政府は、軍による「慰安所」制度の存在を認めたことは皆無であった。

いる具体的な事例に類似した問題に関する「財産、権利及び利益」を指すと考えます。

これは、後述の**"ejusdem generis"の原則**（例示された言葉と同様に解釈する原則）に沿う解釈です。したがって、「その他」も、これら適法行為による財産的な価値をもつ権利に関する同種の権利のみを意味すると解すべきでしょう。重大な国際法違反である不法行為によって侵害された「固有の尊厳と平等で譲ることのできない権利」である「奴隷被害者の地位」は、全く異質の地位・権利であり、財産的価値を持つ権利には含まれないことは明白です。

これについては、財産権と不法行為に関して「その他」という文言の国際法上の解釈がどのようになされるべきか、先例を考察する必要があります。

・**国際仲裁の裁判例の先例**

米国＝イラン仲裁裁判例から**"ejusdem generis"の原則**を見つけることができました。

事件[26]は、グリム対イラン事件に関する国際仲裁判決[27]です。

事件の概要は省略します。原則についての関連部分について、同判決を要約しつつ説明しましょう。

中立人は、訴えの前提として、後述の請求解決宣言の第2条第1項が定める「財産権に影響を与える措置」があったことを理由として、米国＝イラン仲裁裁判に管轄権があることを主張しました。

仲裁裁判の管轄権は、１９８１年1月19日請求解決宣言を根拠としています。申立人は、その第２条第１項[28]が定める「収容及び財産権に影響を与えるその他の措置」（expropriations or other measures affecting property rights）を管轄権の根拠として援用しました。

決定的に重要な争点は、グリム氏の生命の安全の保護責務の懈怠（不作為）が、グリム夫人の「財産権に影響を与える」措置に当たるか否かです。「その他の措置」という文言は、作為及び不作為の双方を含み、その結果グリム夫人の「財産権」が生じたか、またはこれに関わっ

---

26 *Grimm v. Iran.* Judgment of International Arbitration between the USA and Iran, signed 18 February 1983. Award no. 25-71-1 In: *IRAN-UNITED STATES CLAIMS TRIBUNAL REPORTS Vol. 2*, Grotius Publications Limited, 1983, p.78.

27 イラン＝アメリカ仲裁裁判所判決については、The Iran-United States Claims Tribunalの以下のウェブサイトにて、インターネットを通じて入手可能である。http://www.iusct.com/Visited on 30/3/2009.

28 In: *IRAN-UNITED STATES CLAIMS TRIBUNAL REPORTS Vol. 1*, Grotius Publications Limited, 1983, p. 9.

たというように解釈し得るかもしれません。

しかし、第2条第1項の文脈の中で、グリム氏の保護の懈怠によってこの様な「財産権」が影響を受けたと認めることは、保護の懈怠がグリム氏の生命及び安全に影響を及ぼしたにすぎない本件の状況の自然な理解からは遠く、無理があります。さらに、精神的な苦悶、悲しみ及び被害は、グリム氏の十全な保護の保障の懈怠によって影響を受けた財産権ではあり得ないことは明らかです。この権利は、もし認められるとしても、暗殺から生じるものであり、暗殺前には存在すらしなかったし、保護の懈怠によって影響を受けることもあり得ませんでした。

そのうえ、よく知られた **"ejusdem generis" の原則**[29]の下では、第2条第1項の「その他の措置」は、特に「負債及び契約」の文脈においては、「収容」と言語的に同様なものと解釈されねばならないし、また保護の懈怠は、収容と同様とは決して言えないのです。

もし、関係政府が、遺族への損害を仲裁裁判の管轄権の範囲に含めようとしていたなら、そのような効果を認める明示の文言を採用していたと仮定しえます。

このような明示の文言を持つ1923年米国＝メキシコ一般請求条約等及び米国ドイツ間の1921年8月25日（ベルリン）平和条約を国際条約の先例[30]として引用したうえで、仲裁裁判は、財産権に影響を与える措置と生命の保護の懈怠である不法行為問題を峻別し、この宣言は、本件には管轄権を認めていないと判断しました。このように管轄権が否定されたため、グリム夫人の請求は棄却されたのです。

結論

以上の次第ですので、国際文書の中に、「その他」という文言がある場合には、例示された文言が財産権問題にかかわるものであれば、これが言語的に含み得る範囲は、“ejusdem

29 例示された言葉と同様に解釈する原則。
英国の**Gillhams - Law Firm**のウェブサイトから以下の情報が得られる。
Term: *ejusdem generis*
Ejusdem generis is a rule of statutory interpretation that was extended to the interpretation of contracts. The rule of interpretation applies where several words precede a general word - commonly lists of words. The meaning of the general word is restricted to the meaning of the preceding words, with the effect that the general word does not expand the beyond the subjects or classes of the preceding words.
（中略）
The term “ejusdem generis” may be read as “of the same class”.
The effect of the rule of interpretation is usually circumvented in contracts by use of the words, “without limitation” or “without limit”.
http://www.gillhams.com/dictionary/341.cfm visited on 30/3/2009.

generisの原則"に沿って財産権問題に限定されるべきです。したがって、生命を奪うような人権侵害に関わる不法行為問題は、本件の場合には「その他」には含まれ得ないと解釈すべきです。

・まとめ

以上のように、韓国人である元「慰安婦」が持つ奴隷被害者としての地位と権利の放棄の有無は、"ejusdem generisの原則"に沿って例示された財産権問題に限られると解釈すべきであり、サンフランシスコ平和条約、日韓条約、日韓請求権協定のいずれによっても放棄されたことはなく、失われてもいないと解すべきです。また、その地位と権利を実現するために必要な韓国政府の外交保護権も放棄されていないことになります。

あえて補足すれば、上記の筆者の意見には、「原告らの損害賠償請求権は日本政府の韓半島に対する不法な植民支配及び侵略戦争の遂行と直結した……」という修飾句はついていませんでした。ところが、大法院判決には、この修飾句が付加されているのです。これは、そのあとに続く「日本企業の反人道的な不法行為を前提とする強制動員被害者の日本企業に対する慰謝料請求権」の不法性が極めて違法性が高いものであることを示しています。また、これは、日韓交渉の過程で、日本政府が完全に否定していたことです。ですから、それが日韓請求権協定に含まれる形で合意されたことがあり得なかったことを示していると考えられましょう。

30 前掲*Grimm v. Iran.* Judgmentより。
Thus, the language used in the United States - Mexican General Claims Convention and the United States - Mexican Special Claims Convention, both of 1923, and in the (Berlin) Treaty of Peace of 25 August 1921 between the United States and Germany all expressly refer to damage suffered by persons as distinct from damage to property.
（中略）
Treaty of Versailles, Part VIII (Annex I), June 28, 1919.

第3章　日本の植民地支配は不法だったのか？

1．大法院判決の憲法解釈

日本の植民地支配は不法だった

　結論から言いますと、大法院判決は、日本の植民地支配は不法だったというのです。それは韓国の憲法の解釈から導きだされています。

　大法院判決は、上告理由第1点についての判断の中で、「本件日本判決が日本の韓半島と韓国人に対する植民支配が合法的であるという規範的認識を前提に日帝の「国家総動員法」と「国民徴用令」を韓半島と亡訴外人と原告2に適用することが有効であると評価した」と判断し、そのような判決理由が含まれる「本件日本判決をそのまま承認するのは大韓民国の善良な風俗やその他の社会秩序に違反する」と言っています。

これを言い換えてみますと、大法院判決は、日本の韓半島と韓国人に対する植民地支配が不法であると判断していることになります。

さらに、上告理由第3点の判断の中では、大法院判決は、「本件で問題となる原告らの損害賠償請求権は日本政府の韓半島に対する不法な植民支配および侵略戦争の遂行と直結した日本企業の反人道的な不法行為を前提とする強制動員被害者の日本企業に対する慰謝料請求権（以下「強制動員慰謝料請求権」という）である」と言っています。ここでも、「日本政府の韓半島に対する不法な植民支配」と言っているのです。

これらを見ますと、大法院判決が、日本の韓半島と韓国人に対する植民地支配が不法であると判断していることは間違いありません。そして、この点こそが、大法院判決の結論を導く決定的な理由になっていると考えられます。実は、前掲の筆者による説明で述べたとおり、2018年大法院判決が植民地支配を不法だと判断したのは、2012年大法院判決（差し戻し判決）が採用した韓国の憲法解釈から導いた国内法を法的根拠とする判断なのです。

この事件は、韓国の人々から見れば、韓国内に暮らす韓国人被害者と韓国内で営業する（日系の）民間企業との間の国内の民事事件です。しかし、日韓の国境をまたいだ国際的な性格を持つ訴訟でもあります。将来、日本政府からの非難を招く恐れもある国際的な性格を帯びた事件であることもまた現実です。そうなると、日本による韓国に対する植民地支配が国内法上不法だというだけで十分だったでしょうか。1965年日韓請求権協定の違反を非難する日本政府と韓国政府の間で、もしかすると、国際仲裁裁判所の判断にゆだねられることもあるかもしれないのです。それだけでなく、国際法上も不法だったと言えるのかどうかについても検討しておく必要はなかったでしょうか。そこで、以下で筆者なりにこの難問に取り組んでみたいと思います。

2. 国際法の解釈

それでは、国際法上も韓国に対する日本の植民地支配は不法だったのでしょうか？

この韓国憲法の解釈にもとづく大法院判決の判断は、韓国の国内法上の法律論です。それは、結果的に筆者の国際法上の研究の結論と一致していたのです。ですから、この点が、大法院判決を読んで、筆者が一番関心を持った点だったのです。

日本政府の法的な立場は、これまでのところ韓国併合は合法だったとし続けています。もっとも、2010年8月10日、閣議決定を踏まえたうえで当時の菅直人首相が発表した談話は、以下のとおり植民地支配の不法性承認にかぎりなく近い歴史認識を示しました。これは高く評価すべきでしょう。

「本年は、日韓関係にとって大きな節目の年です。ちょうど100年前の8月、日韓併合条約が締結され、以後36年に及ぶ植民地支配が始まりました。三・一独立運動などの激しい抵抗にも示されたとおり、政治的・軍事的背景の下、当時の韓国の人々は、その意に反して行われた植民地支配によって、国と文化を奪われ、民族の誇りを深く傷付けられました。……」

ところが、植民地支配の不法性については、日本では、100年以上の間、タブーのように扱われ、十分な研究がされてきませんでした。筆者は、これまでこの困難な法的研究課題と取り組んできたのですが、研究はなかなか進みませんでした。タブーを破るのには力が足りず、慎重になりすぎていたのかもしれません。力量不足を反省しています。一番大きな反省点は、研究をまとめるのに、25年もの長い時間がかかってしまったことです。しかし、2018年末までに、ようやく研究がまとまりました。そこで、以下にその要約を述べようと思います。偶然ではありますが、大法院判決に背中を押されて本書を出版することにしたのです。

本書の出版が、韓国の「三・一独立宣言」100周年のときに間に合ったことは、幸いなこと言うべきでしょう。菅直人首相談話が、冒頭で「三・一独立運動などの激しい抵抗……」とこの点に触れているのは決して偶然ではないと思います。今年は、その100周年ですから、その歴史的な意義を改めて振り返る機会にしたいと思うのです。

「韓国併合」100年の検討課題

今から9年前のことです。2010年は、「韓国併合」100年の年にあたりました。それまでの100年を振り返り、それからの100年の良好な日韓関係を始める年としたいと考えたのです。ちょうど2009年9月16日、日本では民主党中心の新政権が発足し、政権交代が実現したところでした。鳩山由紀夫首相は、韓国で自らを、歴史の真実に直面する勇気を持つ政権であると述べ、「東アジア共同体」構想も日韓で話し合われ、日韓友好の未来に向けてポジティブな流れが始まりそうに見えました。今でも、当時の明るい気持ちを思い出します。

しかし、まだ時代の変化を手放しで歓迎できる段階ではなかったのです。非常に大きな困難もあったのです。1965年日韓基本関係条約第2条の解釈が両国の間で極端に違ったのです。日朝交渉が進んでいなかったこともあったでしょう。日本による韓国の植民地支配の法的性格についての歴史認識の面で、日韓の間で大きなずれが解消していなかったのです。

同2条は、「1910年8月22日以前に大日本帝国と大韓帝国の間で締結されたすべての条約および協定は、もはや無効であることが確認される。」としています。「もはや無効」(already null and void) とのことばがあいまいで、両国の間で「玉虫色」解釈が行われてきたのです。[31] 韓国政府は、該当する日韓の旧条約及び協定は「すべて無効」であり、「原則的に「当初から」効力が発生しない」とする原初的無効説をとっていました。条約等が「過去日本の侵略主義の所産」(1965年8月8日李東元外務部長官の発言) だからというのです。

これに対して、日本政府は、「対等の立場で、また自由意志でこの条約が締結された」(1965年11月5日佐藤栄作首相) として、「「もはや無効である」とは、現在の時点においては、もはや無効となっているという客観的な事実をのべたものにすぎない」と言うのです。

1995年8月15日の村山富市首相談話は、植民地支配と侵略を認め、日本政府の歴史認識を改めたことは一歩前進でした。しかし、国会審議の中では、村山首相は、旧条約は、法的には「有効」であるとする従来の日本政府の立場を維持しましたので、韓国政府との溝は埋まらなかったのです。その後も、日本政府は旧条約を不当だが「有効」であったとしてきたのです。

「韓国保護条約」は「絶対的無効」とする1963年国連報告書

ここでは、日韓の旧条約の典型例として、植民地支配が始まるきっかけを創った1905年「韓国保護条約」を検討してみましょう。[32]

まず、国連国際法委員会（ILC）の1963年総会宛報告書についての論議を紹介しましょう。しかし、これだけでは有効・無効論争は完結しません。そこで、これに関する論議の事実経過を簡略に報告します。読者には、後記の「捏造」説及び批准の要否の新しい論点に注目するようお願いします。

筆者は、この1905年「韓国保護条約」は、仮に形のうえでは締結されたように見えても、日本軍と伊藤博文が大韓帝国の政府代表個人（外部大臣外皇帝を含む）を脅迫して締結の形を作ったものであって、追完（無効なものでも後に有効なものと認める行為）も許さない絶対的無効（無効性あるものの中でも無効性が強い）な条約で、はじめから効力を発生していなかったとする論文[33]を、統監府設置から100周年にあたる2006年に研究誌で発表しました。

31　金昌禄「韓日条約の法的位置づけ〜いかに克服するか〜」http://www7b.biglobe.ne.jp/~nikkan/siryositu/kannichi.doc）

32　本研究については、東北亜歴史研究財団の助成を受けたプロジェクト研究成果を一部活用している。同財団のご協力に感謝したい。

国連国際法委員会（ＩＬＣ）１９６３年総会宛報告書[34]のこの問題に関する記述の存在に気がついたのは、１９９2年秋頃でした。つまり、27年も前のことになります。その後、１９９３年以降徐々に論じ始めたのですが、すぐには研究誌に報告しなかったのです。また、このような法解釈論は、もともと筆者独自の学説というわけでもないのです。１９６３年のＩＬＣ報告書は、１９０５年「韓国保護条約」強制事件など4事件を実例として取りあげています。そのうえで、国家の代表個人を脅迫して締結の形を作っても、その条約は絶対的無効な条約であって効力を発生しないというのです。そのことを慣習国際法が以前から認めていたと、この国連ＩＬＣ文書が報告していたのです。実は、このような１９０５年「韓国保護条約」強制事件と同条約無効論に関する法解釈問題は、日本以外の欧米諸国では、１９０５年直後から継続的に論議されてきたのです。

このＩＬＣ報告書は、国連総会に提出されたもので、秘密文書ではなかったのです。それなのに、なぜか日本ではまったく知られていませんでした。そのうえ、１９０５年「韓国保護条約」の効力問題を議論することは、日本では「タブー」だったのです。

日本ではこの問題がなぜタブー化するのでしょうか。それ自体が大きな研究課題なのですが、当面の筆者の理解を述べておきましょう。１９１０年「韓国併合条約」は、それまでに日本が大韓帝国政府代表に署名を強制した諸条約、とりわけ１９０５年「韓国保護条約」に基づいているのです。[35] １９０５年条約が無効であれば、１９１０年の条約は砂上の楼閣と評価せざるを得なくなります。そうすると、「韓国併合」が「不法だった」との判断を導くことになるわけです。日本による韓国の植民地支配を正当化したいと考える人々にとっては、是が非でも封印しておきたい法律問題だったのではないでしょうか。

タブーだから日本では論議しにくいのです。しかし、国連ではそうではありません。国連人権ＮＧＯ活動を実践していた筆者は、日本軍「慰安婦」問題の背景としての植民地支配の原点を理解するためには、この問題を報告する必要があると考えました。そこで、１９１０年「韓国併合条約」の効力と１９０５年「韓国保護条約」の効力の関係、それらを考察するための証

33　戸塚悦朗「統監府設置１００年と乙巳保護条約の不法性：１９６３年国連国際法委員会報告書をめぐって」龍谷法学、Vol.39, No.1、pp. 15-42。http://ci.nii.ac.jp/naid/110006607790/

34　UN Document:-A/CN.4/163, Report of the International Law Commission covering the work of its Fifteenth Session, 6 May - 12 July 1963, Official Records of the General Assembly, Eighteenth Session, Supplement No.9 (A/5509), Extract from the Yearbook of the International Law Commission: 1963, vol. II, p. 139.

35　前掲戸塚「統監府設置１００年」。

拠資料の一つとしての1963年ILC報告書の記述（1905年「韓国保護条約」無効論）を柱にする英文書面を起草しました。これを国連人権委員会に提出するよう国際友和会（IFOR）ジュネーブ首席代表（レネ・ワドロー氏）に要請しましたところ、1993年2月15日に実際に提出されたのです。国連NGO文書[36]として印刷されて、国連にも、加盟国政府にも、国連NGOにも配布されました。このIFOR国連文書の提出は、幸い日本の新聞（毎日新聞）[37]によって報道されました。さらに、日本の英字新聞（The Japan Times）も報道してくれたのです。こうして、1963年ILC報告書の1905年「韓国保護条約」の絶対的無効性に関する記述は、日本にも、そして世界にも知られることになったのです。

この報道を受けて、本岡昭次参議院議員（当時）が国会（参議院予算委員会）で質問した[38]ので、やっと日本でも政治問題化したのです。日本政府・外務省は、1966年ILC報告書には、1905年「韓国保護条約」の効力問題が掲載されていないことを指摘して、1963年ILC報告書の記載のインパクトを弱めようとする答弁をしました。しかし、日本政府は、1963年ILC報告書が、国連総会で採択されたこと[39]には触れていないのです。本岡議員は、あらかじめ韓国を訪問し調査するなどして裏づけを取り、その調査結果を国際人権研究会（本岡会長）から冊子[40]として出版したのです。

報道と国会審議の影響は大きく、国際会議、講演会などが開催されました。なかでも注目すべきなのは、日韓研究者間で『世界』誌上対話が実現したことでした。これが始まったことは、画期的で、タブーが破れるに至った原因であり、結果だったと言えるでしょう。韓国側から李《イ》泰鎮《テジン》教授（ソウル大学・韓国史）の歴史研究が同誌上に何度も発表され、日本側から海野《うんの》福寿《ふくじゅ》教授[41]（韓国併合研究者）、坂元茂樹教授[42]（国際法）らの研究者が反論するという形で誌上論争が継続し、他の研究者も論争に参加したのです。

日韓の旧条約の効力をめぐって、公開論議の場ができたのは一歩前進だったと思います。し

36　UN Doc. E/CN.4/1993/NGO/36.

37　毎日新聞（１９９３年２月16日）「従軍慰安婦問題、スイスの人権組織「日韓保護条約は無効」63年、国連委が報告書」。

38　平成５年３月23日参議院予算委員会会議録第７号、８－13頁。

39　１９６３年11月18日国連総会は、決議１９０２（XVIII）を採択し、この１９６３年国際法委員会報告書を検討し、これに留意し、特に条約法起草に関する仕事に感謝の念を表した。UN Doc. 1902（XVIII）, RESOLUTIONS ADOPTED BY THE GENERAL ASSEMBLY DURING ITS EIGHTEEN SESSION, 1258th plenary meeting, 18 November 1963.

40　国際人権研究会編『１９０５年「韓国保護条約」は成立していたか』（１９９３年）。筆者による同議員への日本語報告（前掲戸塚「統監府設置１００年」と同趣旨）も冊子に含められた。

かし、残念ながらこの誌上討論は、ディベートのように両者の主張が述べられただけで終わってしまいました。対立する主張を超えて、共通の理解に達するまでの発展的な議論と研究を導き出すまでには至らなかったのです。

海野教授は、韓国在外研究中に非公式に意見交換した際には、「絶対的無効」論に賛同していたように思われました。ところが、日本に帰国後、突然に「不当合法論」[43]を唱えるようになってしまったのです。坂元教授は、上記の国際慣習法（国家代表個人への強制による条約は絶対的無効とする）があったことは認めました。その点は評価できるのです。しかし、この事実関係が国家代表個人への強制の事例にあたるかどうか判断できないと判断停止してしまい、それ以上の研究に進まなかったのです。

その結果、日本側の研究者による旧条約の効力研究は中途半端な状態に止まってしまいました。だからだと思いますが、村山元首相（国会答弁）も、旧条約は不当だが「合法」との説に止まり、無効論を主張する韓国側との深い溝が埋まらなかったのです。

今後、日本側の研究者がより研究を深めて、日韓の対立を克服する必要があるでしょう。そのためには、この論点の研究に止まることなく、韓国の研究者が提起してきた次の二つの論点に関する研究を進めることが重要だと思われます。実は、これは、私の反省の言葉なのです。

「韓国保護条約」は「捏造」文書？

李泰鎮教授は、条約原本に当たって詳細な研究[44]を積み重ね、捏造説（李教授は「文書偽造行為」という表現を使っている）を唱えました。しかし、日本の研究者は、沈黙したまま、これに応答してこなかったのです。

李教授の著書[45]によれば、1905年「韓国保護条約」（韓国では「乙巳条約」と呼ばれている）の原本には名称・題目がないというのです。そうなると、条約文が完成していない草案段階だったことになります。もしこれが事実なら、成立した条約の有効無効問題以前の問題、つ

41　海野福寿「李教授の「韓国併合不成立論」を再検討する」『世界』1999年10月号、261〜262頁。
42　坂元茂樹「旧条約問題の落とし穴に陥ってはならない」『世界』1998年9月号205頁。
43　海野福寿『韓国併合』岩波新書1995年。
44　①李泰鎮著・鳥海豊訳『東大生に語った韓国史――韓国植民地支配の合法性を問う』明石書店、2006年。特に159‐219頁を参照。②笹川紀勝（編著）・李 泰鎮（編著、原著）『国際共同研究韓国併合と現代――歴史と国際法からの再検討』明石書店、2008年。③英語では、Yi, Tajin, *The Dynamics of Confucianism and Modernization in Korean History*, Cornell University, 2007.
45　前掲李泰鎮①178‐181頁、③pp. 175-179 & pp. 199 – 200.

まり条約が不成立だったのかどうかという問題、さらには条約文の「偽造行為」が行われたのかどうかの問題になりますから極めて重大です。

日本政府は、名称のない条約文をどのような形で公表したのでしょうか。李教授の著書[46]に掲載されている1905年「韓国保護条約」の英訳（日本外務省出版の1908年版条約集に掲載されている）には、"CONVENTION"（通常「条約」または「協約」と和訳される）という名称があります。英文への翻訳は、日本政府が作成し、一方的に広く公表したのです[47]。韓国語版原本にも名称がないのですから、英文訳名称は「捏造」（「文書偽造」）と批判されても仕方がないのです。

ところが、李教授の韓国における原本を根拠とする捏造説をどう評価すべきなのかについては、他の研究者は、その当否に関する確認作業をしてこなかったのです。日本語版条約の原本は日本政府によっても保管されているのですから、地の利があるはずの日本在住研究者が確認のための研究をしてこなかったのはなぜなのでしょうか。日本側の研究者が自身の目で、自ら日本政府が保管する日本語版原本を確認しなければ、日本での真相究明は前進しません。さらに、日本政府が出版した条約集が原本どおりの形でこれを公表したのかどうかを、日本の図書館所蔵の図書で確認しなければならないのです。その確認作業が済むまでは、李教授の韓国側原本の研究結果だけで断定的判断をすることは避ける必要があります。

そう考えて、２０１０年2月9日に日本の外務省外交史料館を訪問して、日本語版原本を筆者自ら視認して確認しようとしました。しばし交渉後、やっと原本閲覧を許されました。原本は、外務省職員が白い手袋をはめて持参してくれました。しかし、筆者は原本に触れることも、写真を撮ることも許されませんでした。

驚いたことに、日本語版文書原本の一行目は、空白になっており、名称がなかったのです。自ら写真を撮ることを許されませんでしたので、外交史料館が閲覧とコピーを許しているマイクロフィルム版のコピーと原本をその場で自ら視認して見比べ、一字ずつ比較対照しました。そのような手順で、原本とマイクロフィルム版のコピーが同一であることを確認したのです。なお、インターネットでも写真[48]（写真５）が公開されています。これもマイクロフィルム写真

46 Yi, Taijin, *The Dynamics of Confucianism and Modernization in Korean History*, Cornell University, 2007, p. 200.

47 According to the footnote of supra Yi, Taijin（p. 200）to Figure 3b, the translation in English is compiled in the *Kankoku choyaku ruisan*（1908）.

48 外務省外交史料館所蔵。アジア歴史資料センターウェブページ。http://www.jacar.go.jp/goshomei/djvu/19051117001a/index.djvu ２０１０年３月12日閲覧。

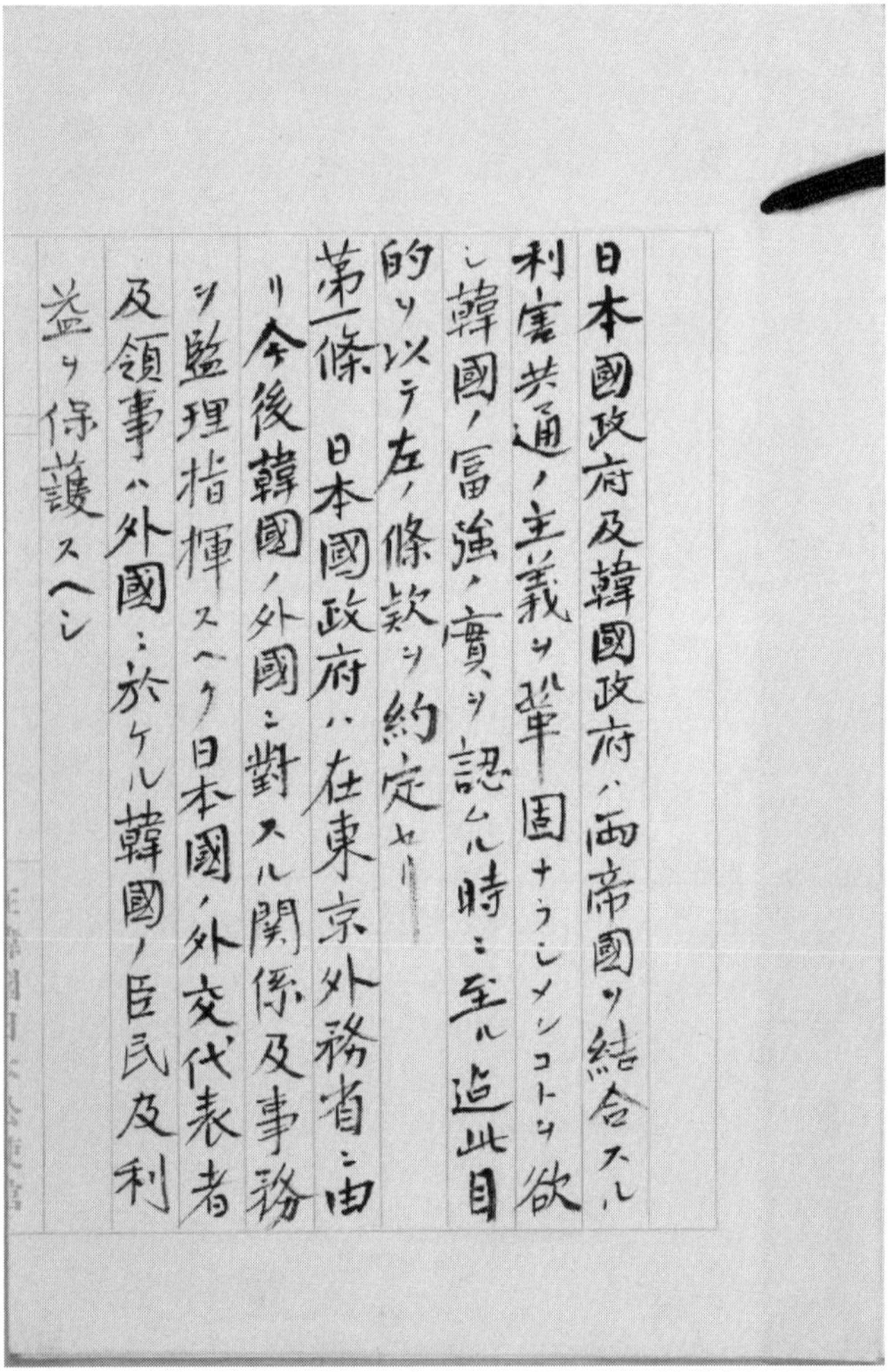
日本國政府及韓國政府ハ両帝國ヲ結合スル
利害共通ノ主義ヲ鞏固ナラシメンコトヲ欲
シ韓國ノ富強ノ實ヲ認ムル時ニ至ル迄此目
的ヲ以テ左ノ條款ヲ約定セリ
第一條 日本國政府ハ在東京外務省ニ由
リ今後韓國ノ外國ニ對スル関係及事務
ヲ監理指揮スヘク日本國ノ外交代表者
及領事ハ外國ニ於ケル韓國ノ臣民及利
益ヲ保護スヘシ

写真５　1905年「韓国保護条約」の日本語版原本。外務省外交史料館所蔵。アジア歴史資料センターウェブページで筆者が2010年３月12日閲覧。

と同一であることを確認することができました。

次に、これを外務省がどう公表したかについての研究が必要です。大日本帝国政府外務省は、1934年の条約集掲載の日本語版（写真6）には、「日韓協約」との名称を付していたのです。

大日本帝国政府外務省条約局による前記1934年の条約集[49]掲載の英語訳（写真6）はどうでしょうか。李泰鎮教授が1908年版条約集を見て指摘したとおり、“CONVENTION”という英文名称が記載されていました。この『舊條約彙纂第三巻（朝鮮・琉球）』は、2009年11月15日に京都大学付属図書館で閲覧、写真撮影をしました。

以上を整理して見ますと、以下のとおり要約できます。

第一に、1934年段階で、大日本帝国政府外務省の条約集（写真6）は、1905年「韓

49 『舊條約彙纂第三巻（朝鮮・琉球）』外務省条約局（昭和9年〔1934年〕3月）、204頁。外務省が京都帝国大学に寄贈したものである。

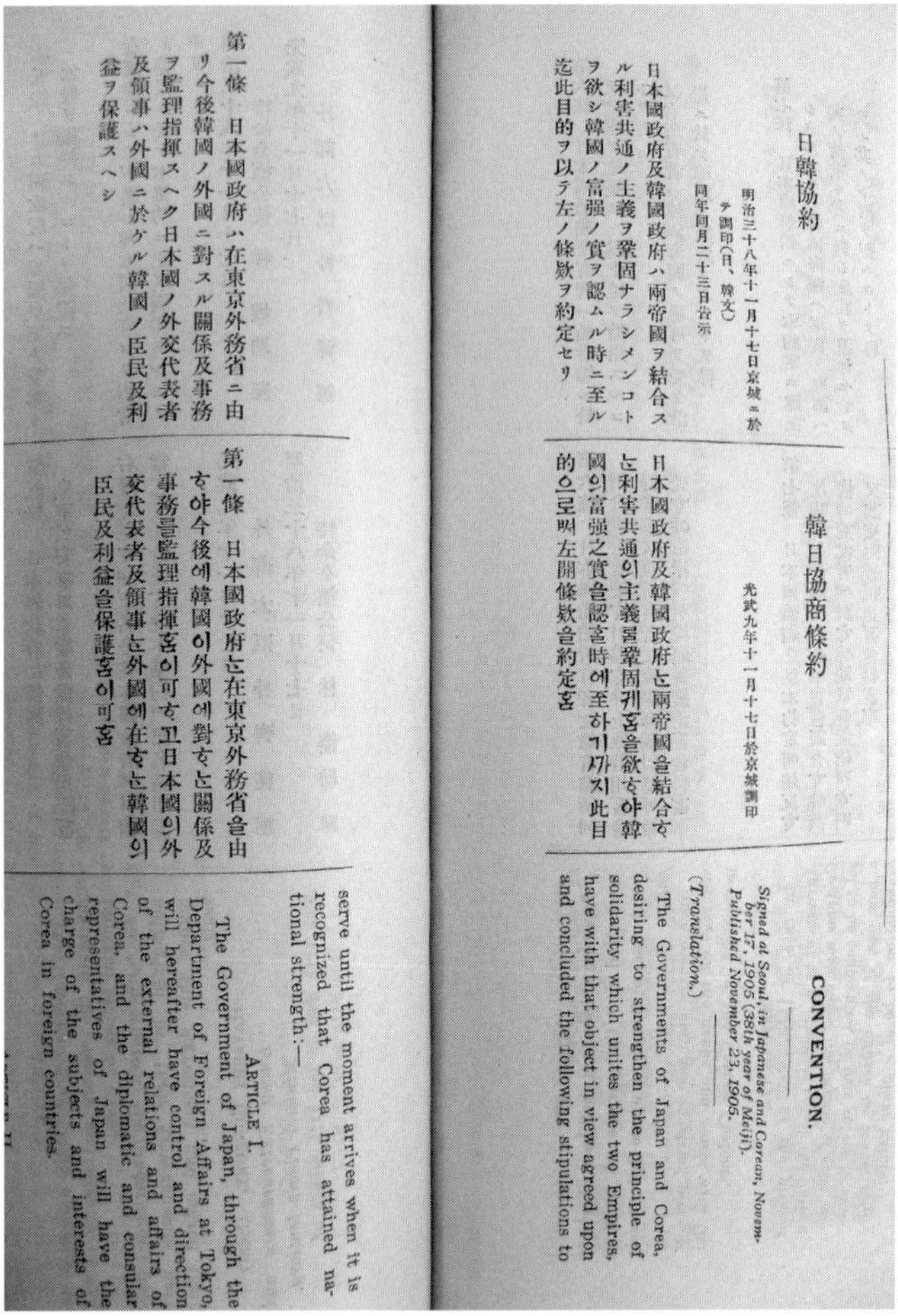

日韓協約

明治三十八年十一月十七日京城ニ於テ調印(日、韓文)
同年同月二十三日告示

日本國政府及韓國政府ハ兩帝國ヲ結合スル利害共通ノ主義ヲ鞏固ナラシメンコトヲ欲シ韓國ノ富强ノ實ヲ認ムル時ニ至ル迄此目的ヲ以テ左ノ條款ヲ約定セリ

第一條　日本國政府ハ在東京外務省ニ由リ今後韓國ノ外國ニ對スル關係及事務ヲ監理指揮スヘク日本國ノ外交代表者及領事ハ外國ニ於ケル韓國ノ臣民及利益ヲ保護スヘシ

韓日協商條約

光武九年十一月十七日於京城調印

日本國政府及韓國政府ᄂᆞᆫ兩帝國을結合ᄒᆞᄂᆞᆫ利害共通의主義를鞏固케홈을欲ᄒᆞ야韓國의富强之實을認홀時에至ᄒᆞ기ᄭᆞ지此目的으로ᄡᅥ左開條款을約定홈

第一條　日本國政府ᄂᆞᆫ在東京外務省을由ᄒᆞ야今後에韓國이外國에對ᄒᆞᄂᆞᆫ關係及事務를監理指揮홈이可ᄒᆞ고日本國의外交代表者及領事ᄂᆞᆫ外國에在ᄒᆞᄂᆞᆫ韓國의臣民及利益을保護홈이可홈

CONVENTION.

Signed at Seoul, in Japanese and Corean, November 17, 1905 (38th year of Meiji). Published November 23, 1905.

(*Translation.*)

The Governments of Japan and Corea, desiring to strengthen the principle of solidarity which unites the two Empires, have with that object in view agreed upon and concluded the following stipulations to serve until the moment arrives when it is recognized that Corea has attained national strength:—

ARTICLE I.

The Government of Japan, through the Department of Foreign Affairs at Tokyo, will hereafter have control and direction of the external relations and affairs of Corea, and the diplomatic and consular representatives of Japan will have the charge of the subjects and interests of Corea in foreign countries.

写真６　大日本帝国政府外務省条約局が1934年に編纂した『舊條約彙纂第三巻（朝鮮・琉球）』204頁。「韓国保護条約」は、1905年11月17日付日本語名「日韓協約」とされ、英語訳は"CONVENTION"と記載されている。2009年11月15日に筆者が京都大学付属図書館で写真撮影した。

国保護条約」の英文翻訳文の名称として、“CONVENTION”を付していました。この事実は、李教授の著書掲載写真の条約集（1908年版）から26年後の外務省出版物でも確認できたのです。

第二に、同上1934年版条約集（写真6）は、1905年「韓国保護条約」原本にはない「日韓協約」という日本語を名称に付しているのです。

第三に、李教授の著書の韓国語版原本写真にも名称がないのに、大日本帝国政府外務省は、前記条約集（写真6）の韓国語版（一九三四年出版）で「韓日協商條約」と名称を付していたのです。

このように、1905年「韓国保護条約」原本には、もともと名称もなかったのです。これは未完成な文書、つまり条約文起草段階の原案であったと考えるのが、法手続の理解として合理的ではないでしょうか。大日本帝国政府は、文書が適法に成立したかのような外観を作ろうとしたのでしょう。そして、文書に外形的信用性を与え、欧米列強（そして日本の人々をも、研究者をも）を欺くためにも、未完成の条約文原案に日本政府の判断で名称を付して完成した形の「条約」の形を作り、これを内外に一方的に公表したものと言えるのではないでしょうか。

つまり、1905年11月17日付の「日韓協約」という名称の条約原本は、存在しなかったし、今も存在しないのです。

「韓国保護条約」には批准が必要だったのか？

条約は、国家の全権代表によって署名されたのちに、さらに国際的な条約に拘束されることについての国の同意（通常「批准」と呼ばれる）により国際的に確定的なものとなるという原則は、1905年当時も（今も）国際法解釈の常識と言ってよいでしょう。

条約、とりわけ独立主権国家の外交権を奪うという、国家の存立に関わる重要な条約を、その国の外務大臣の署名限りの略式手続で締結できるか否かという問題があります。主権国家が外国に外交権を奪われて、独立を失うほどの重要な条約が皇帝など主権者の同意（批准）なしに、有効に締結されるなどということは、1905年当時の国際法上もあり得なかったのです。

1905年当時の大韓帝国では、全権代表により署名された条約は、一定の手続を経た後、皇帝が条約批准書に署名し、玉璽を押捺して承認・批准しなければ、効力を発生しないこととされていたのです。[50] ところが、1905年「韓国保護条約」には高宗皇帝は最後まで署名も玉璽の押捺もしませんでした。[51] 同条約に批准がなかった点については、日韓間で争いはありません。

しかし、日本政府側は、大韓帝国皇帝の同意に基づく批准なしに国家が外交権を委譲し、独立を失う条約を締結することが国際法上あり得るとして、「批准不要説」を唱えてきました。「批准不要説」を代表する海野説[52]は、日本の外務省の実務（1936年のもの）を根拠として、「批准を必要としない第二種形式の国家間協定もありうる」として、1905年「韓国保護条約」は、この場合で、高宗皇帝の批准がなくても有効に締結されたと「批准不要説」を主張しました。

これに対して、韓国ソウル大学で国際法を教えていた故白忠鉉《ペクチュンヒョン》教授は、1905年「韓国保護条約」及び1910年「韓国併合条約」を含め、「日本が……韓国の主権を段階的に強奪

50 李泰鎮「一九〇四〜一九一〇年、韓国国権侵奪条約の手続き上の不法性」前掲笹川・李『国際共同研究』、109頁。
51 前注李、113-114頁。
52 海野福寿「I研究の現状と問題点」、海野福寿編『日韓協約と韓国併合——朝鮮植民地支配の合法性を問う』明石書店（1995年）17頁参照。海野教授は、「後考をまちたい」としながらも、「韓国・北朝鮮の歴史学者などが主張している全権委任状、批准書の欠如をもって法的欠陥とみなす無効論に対しては、批准を必要としない第二種形式の国家間協定もありうるので、にわかに賛成し難い」と、「批准不要説」を唱えている。

した五つの条約」について、「これらすべての条約の内容は、国家の主権制限に直接関連した事案だ」とし、「当然条約締結のための全権委任状及び批准手続のすべての要件を取り揃えるべきだった」と主張して、「批准必要説」[53]を唱えて、日本側と対立していたのです。[54]白教授の学説は、国際法学の標準的解釈だと思われるのです。日本側は、これを率直に受け入れることができないのでしょうか。そうすれば、両国の対立は、解消に向けて歩み出すでしょう。

筆者はそう考えて、原点に戻ってみました。

第一に、日本でも韓国でも、1905当時の世界の国際法解釈実行に関する研究は十分ではなかったのです。

筆者は、1907年ハーグ密使事件当時のオランダ政府の解釈実行（「批准必要説」の立場と推定できる）に関する研究[55]を行いました。その結果は、批准必要説を裏付けるものでしたが、詳細はここでは省略します。

第二に、1905年当時の国際法の解釈について当時の日本の学説の傾向がどのようなものであったのかについては、文献研究がほとんどされていなかったのです。この研究は、日韓で旧条約問題の見解の対立を解消するきっかけになり得るのではないでしょうか。その一端は、

２０１０年３月に『龍谷法学』[56]で報告しました。そのうち、重要なポイントだけですが、以下に挙げてみます。

１９０５年当時の主要文献

・『ホール氏国際公法』（１８９９年）

英国の国際法権威者であったウィリアム・エドワード・ホール氏は、１８９９年に日本語に翻訳・出版された『ホール氏国際公法』で、条約の締結について以下のとおり「批准必要説」を唱えていました。

「條約ヲ有効ナラシメルタメニハ国家ノ最高ナル條約締結権限ヲ有スル機関ニヨリ……批准セラレルルコトヲ要ス」と、「批准必要説」を説いていたのです。[57]

53　白忠鉉「日本の韓国併合に対する国際法的考察」前掲笹川・李『国際共同研究』、３８９頁。
54　前掲李「手続き上の不法性」が歴史研究として詳しい。
55　戸塚悦朗「最終講義に代えて――「韓国併合」１００年の原点を振り返る１９０５年「韓国保護条約」は捏造だったのか」『龍谷法学』第42巻第３号（２０１０年）、３１１－３３６頁。
56　前掲戸塚「最終講義に代えて」。

また、1905年「韓国保護条約」の文面には批准の必要性について明示の記載がないのですが、ホール氏は、そのような場合について、以下のとおり、「明示ノ批准」が必要であると明記していることに注意すべきでしょう。「全権代表ニ依リ締結セラレタル條約ハ反對ノ特約ナキ場合ニ於イテハ通常明示ノ批准ヲ必要トス[58]」と述べているのです。

・高橋作衛『平時国際法論』（1910年[59]）

当時の代表的な日本人国際法学者高橋作衛教授は、1903年（明治36年）その東京帝大での講義を『平時国際法論』として出版しました（同書序参照）。高橋教授は、1905年（明治38年）1月同書の『増補第六版の序』で、「批准必要説」を取っています。

・倉知鉄吉著『国際公法』（1899年[60]）

倉知鉄吉は、この時代に国際公法を教授していた学者の一人でした。同書は、1905年「韓国保護条約」強制事件の前に出版されているのです。興味深いことに、1910年の「韓国併合」当時の外務省政務局長を勤めた倉知の著書は、上記の通説同様、「批准必要説」を採用していたのです。当時外務省の要職を占めていた研究者が「批准必要説」を取っていたこと、それを公表していたことは、特に注目すべきことと思います。

・網羅的な文献調査

それでも、気になるのは、1905年当時「批准不要説」を取っていた学者があったのかどうかです。その点を確かめたいと思っていたのです。そこで、当時の国際法、国際公法についての研究書を、国会図書館で網羅的に調べてみました。その結果は、驚くほど明快でした。「批准不要説」はまったく見当たらなかったのです。それなのに、21冊もの「批准必要説」を

57 ウィリアム・ホール著＝立作太郎訳『ホール氏国際公法』(原著第4版の翻訳)東京法学院発行・有斐閣書房発売、明治32(1899)年7月10日発行、433頁。なお、批准を必要としない例外としては、「君主又ハ」その他「條約締結ノ権限」を持つ「機関ニ依リ自ラ締結セラレタル場合」などがあげられている。1905年「韓国保護条約」は、高宗皇帝が締結したものではない。その他に、高宗皇帝同等の条約締結権限を持った機関はなかったので、例外にはあたらない。

58 前掲ホール氏、433頁。

59 高橋作衛著『平時国際法論』日本大学発行清水書店発売。明治36年(1903年)7月に初版出版。ここでは、明治43年(1910年)出版『平時国際法論(4訂増補9版)』、651頁。

60 倉知鉄吉著『国際公法』東京・日本法律学校出版、明治32年(1899年)、日本法律学校第四期講義録、198-202頁。http://kindai.ndl.go.jp/BIBibDetail.php 2010年1月8日閲覧。

とっていた書物が見つかりました。２０１０年11月には、その研究成果を報告する論文[61]を発表しました。

国際法学会の傾向

それでは、１９０５年11月17日に至る経過のなかで、日本の国際法学会の指導的な研究者たちはどのような立場をとっていたのでしょうか。その点も気になって調べてみました。『國際法雑誌』が国際法研究者の研究発表の舞台だったので、これを調べることで、研究者の動向がつかめます。その結果も同じで、「批准必要説」一色だったのです。この研究結果の論文[62]は、少し遅れて、２０１６年に公表しました。

迷路を抜け出す鍵

それにしても、なぜ、海野教授と坂元教授は、「批准不要説」を取り続けたのでしょうか？どこかで、迷路に入り込んでしまったのではないかと思われます。しかし、筆者には、この点が謎で、長い間どうしても解明できませんでした。

まず、「批准不要説」を代表する二人の研究者の主張を見てみましょう。

海野福寿教授は、すでに1994年の段階で批准不要説を唱えていたのです。海野教授が、その根拠として挙げていたのは、1936年の外務省の行政基準[63]でした。これをもとに、「韓国・北朝鮮の歴史学者などが主張している全権委任状、批准書の欠如をもって法的欠陥とみなす無効論に対しては、批准を必要としない第二種形式の国家間協定もありうるので、にわかに賛成し難い」と主張するのです。1936年の日本の行政基準を根拠として、1905年締結の条約の有効性を主張することが法的に妥当な論理になり得るか否かについては、後に検討します。

61　戸塚悦朗「「韓国併合」100年の原点と国際法――日韓旧条約の効力問題と「批准必要説」に関する文献研究」『現代韓国朝鮮研究』10号特集「日本と朝鮮半島の100年」(2010年11月)、27-37頁。

62　戸塚悦朗、「歴史認識と日韓の「和解」への道（その4）――「國際法雑誌」は、1905年「韓国保護条約（?）」をどう準備したか」『龍谷法学』第48巻第4号（2016年3月15日)、227-271頁。

63　海野教授は、「1905年「第2次日韓協約」」『駿台法学』第91号（1994年3月3日、1-34頁）ですでに批准不要説を唱えていた。その根拠として上げたのは1936年の文書、外務省条約局『各国ニ於ケル条約及び国際約束締結の手続ニ関スル制度』である。この文書に、「我国に於イテハ批准ノ形式ニ依リ締結スル条約ノ外ニ、天皇ノ裁可ヲ以テ締結スル国際約束ト、御裁可ヲ仰グコトナク政府又ハ関係官庁限ニテ締結スル国際約束」とがあり、次の三種に区分されるとする。「……第二種　批准ヲ要セズ、唯陛下ノ御裁可ヲ以テ締結スル国際約束。……」とされていることをあげる。

この批准欠如問題について坂元茂樹教授が発表した代表的論文には、「日韓保護条約の効力――批准問題を中心に」[64]があります。坂元茂樹教授は、条約法を専門分野とする有力な国際法研究者です。それだけに坂元教授がこの論文で「批准不要説」を唱えたことは、日本の研究者ばかりか、一般社会にも大きな影響を与えたと思われます。

坂元教授の批准問題に関するこの論文は、日欧の論文を多数引用し、国際法学者らしい論理を屈指して執筆されているように見えるのです。「どこかおかしい」という印象なのですが、何度読んでみても、どこがおかしいのかよくわからないのです。どこで迷路に入り込んでしまって、結局「批准不要説」に到達してしまったのでしょうか? しかし、この疑問を解決できないと、「批准不要説」(日本側)と「批准必要説」(韓国側)の対立は、永久の平行線となりそうなのです。結局、水掛け論に終わってしまうかもしれません。そうなると、日韓の和解の前提としての歴史認識について、相互理解が深まりません。電車に乗るときも、いつも坂元論文をカバンに入れて持ち歩いて考え続けました。

そんなある日のことです。突然、「謎が解けた!」と直感したのです。わかってみると簡単なことではあったのですが、「重要な発見だ」と気がつきました。ちょうど、武漢大学で開かれる国際会議で発表(2018年10月)に招かれていたときだったのです。ですから、その発表の中心に据えて、参加者の意見を尋ねてみたいと思うに至りました。とうとう「迷路の鍵」がみつかったのです。大至急英文の論文[65]を仕上げました。その発表の核になる部分は以下のとおりです。

'Inter-temporal Law'が鍵

今考えてみると、「なぜ今までこの問題に気が付かなかったのか?」と不思議に思えるのです。「コロンブスの卵」の逸話があります。わかってみれば、誰にでもわかりそうな視点なのです。それなのに、なぜ誰もこの視点からの検討をしなかったのでしょうか? 学生時代、幾何学の難問を解くときに、的確な補助線を引くことを思いついたら一気に問題が解けたことがありました。筆者以外にも、そんな経験をした人は少なくないのではないでしょうか。

64 坂元茂樹「日韓保護条約の効力——批准問題を中心に」『中央大学法学新報』第104巻10・11号、1998年、1-30頁。

65 Totsuka Etsuro, "A way towards Japan's defreezing of its decolonization process" International Conference: Beyond the San Francisco System: Exploring East Asian Peace and Cooperation system in the 21st century, October 27-28, 2018, Wuhan University China Institute of Boundary and Ocean Studies.

それと同じです。要は、今までと違う角度、視点から問題を見直してみることが重要なのです。

ここでは、補助線は、'Inter-temporal Law'という概念です。これをもとに考察すると、難問が簡単に解けることがわかりました。これこそが迷路から抜け出す鍵になったのです。

少し専門的な話をすることをお許しください。迷路の鍵が見つかったのは、オッペンハイムの『国際法』（第９版、１９９６年）という研究書です。この本は、日本でも研究者の間で広く参照されている英語の本です。そこには、「条約は、その締結の時に実施されていた国際法の一般規則に照らして解釈されるべきである――いわゆるinter-temporal law」[66]と書かれていたことを発見したのです。

この法理は、日本語では「時際法」として知られていることがわかりました。藤田久一教授によるパルマス島事件判決（１９２８年の事件）に関する解説[67]が参考になるでしょう。「法的事実（行為）はそれに関連する紛争が発生しまたは解決される時に有効な法ではなくて、それと同じ時代の法に照らして評価されなければならない。」と書かれています。

ところで、坂元教授の前掲論文「日韓保護条約の効力――批准問題を中心に」は、１９０５年11月17日保護条約について批准が不要だったという説を主張します。その理由として、坂元教授は、この条約の条約文には、批准を必要とするという言葉が書き込まれていないことをあげています。

坂元教授は、まず、「議論の出発点として、そもそも、日韓保護条約が批准を要する条約であったかどうかという点がまず問題になる。全文五カ条からなる本条約にはいわゆる批准条項が存在しない。……こうした場合であっても、批准条約と考えるべきなのであろうか。」という問題提起から議論を始めているのです。[68]

66 “A treaty is to be interpreted in the light of general rules of international law in force at the time of its conclusion - the so-called inter-temporal law”. Robert Jennings and Arthur Watts, (eds.), *Oppenheim's International Law Ninth Edition Vol. 1 Peace Parts 2 to 4*, Longman, 1996, p. 1281.

67 藤田久一『国際法講義Ⅰ国家・国際社会』東京大学出版会、１９９２年、２１４頁は、１９２８年４月４日のパルマス島事件判決に関する注（３）で、「この判決でフーバー仲裁人は、行為又は法状態の有効性はその時点で有効な法に従って判断されなければならないという時際法の関連原則について検討した。法的事実（行為）はそれに関連する紛争が発生しまたは解決される時に有効な法ではなくて、それと同じ時代の法に照らして評価されなければならない。……なお、この判決では、特定事件の事実について一定の日（時期）が「決定的」となる、所謂クリティカル・デートの用語が使われた。この事件では、……この条約の日付は「決定的時点（critical moment）」と呼ばれた。」としている。

68 前掲坂元論文「批准問題を中心に」、６頁。

そして、最終的には、「しかし、前述したように、同条約が批准を要する条約であったということは条約の文言からもまた当時の状況からも考えにくい。」という「批准不要説」の結論を導いているのです。[69]

議論の出発点から、最終的結論までの間には、多数の日本語や欧文の論文や条約などが引用されていて、国際法学者らしい議論に見えるのです。一ヵ所ごとの論理の運びは細部を見れば、「もっとも」と思えないでもないのです。ところが、まるで迷路のような議論が続いていて、「わけがわからない」という印象を持ちました。

そこで、前述した'Inter-temporal Law'という補助線を引いて読み直してみたのです。

まず第1に、前記パルマス島事件判決の藤田教授の解説がのべている「決定的時点（critical moment）」をいつと考えるか？　という問題から解いてゆきたいと思います。

「決定的時点」は、1905年11月17日の日韓保護条約に関する紛争を解決しなければならない現在（2019年）の時点なのでしょうか？　それとも、この条約が締結されたとされる1905年11月17日なのでしょうか？　一般規則から言えば、「条約は、その締結の時に実施されていた国際法の一般規則に照らして解釈されるべきである――いわゆるinter-temporal law――」（前掲オッペンハイム9版）という公式に当てはめて考えなければならないのです。そうだとすると、正解は、「決定的時点」は、この条約が締結されたとされる１９０５年11月17日ということになるはずです。したがって、この条約の効力の問題は、現在（２０１９年）の法ではなくて、１９０５年11月17日当時に実施されていた国際法の一般規則に照らして解釈されるべきであるということになります。

論理学か、数学のような感じがするでしょうか？　しかし、ゆっくりと一歩一歩考えていただければ、法律学者でなくても、この点は間違いがないことを理解していただけるでしょう。これに気がつくのに、ずいぶん回り道をしてしまいました。この時際法の原則に思い至らなかったために、迷路に入り込んで、訳がわからなくなっていたのです。ところで、坂元論文が取っている論証過程（前掲坂元論文６－16頁）に戻って検討して見ましょう。

この少し前の部分（５頁）では、条約法に関するウィーン条約（１９６９年採択、１９８０年発効、１９８１年日本加入）の批准の定義（第２条）から議論が始まっています。続いて大韓帝国国制（１８９９年）に触れています。「条約は明示に規定されていない場合でさえ通常批准を必要とするのが一般規則であると主張されることがある」としてマクネアー論文（１９

69　前掲坂元論文「批准問題を中心に」、16頁。

６１年）を引用しているのですが、その論文につけられた注（４）で１９３５年ハーバード草案が同じ立場であることも述べています。これに対して、「条約は、別段の明示の規定がない場合には、批准を要しないというのが一般規則だと主張する論者もいる」として、注（５）でフィッツモーリスの論文（１９３４年）、シンクレアの論文（１９８４年）を挙げています。

　冒頭部分だけにとどめますが、坂元論文が論拠としている資料を検討してみました。これ以上つづけても相当煩瑣になります。[70] ここでやめておきます。いったい坂元論文は何を論証しようとしているのでしょうか？ 引用された論文等が作成されたときを見てみますと、韓国の研究者が批准必要説の根拠としてあげている大韓帝国法制だけは違うのですが、その他は、すべて１９０５年以降に書かれたり、採択された文書なのです。坂元論文は、迷路に迷い込んでしまって、結局現在の国際法上の原則を根拠にして論証しようとしているように見えます。

　筆者は、これに気がついて、「これでよいのか？」と疑問を持ったのです。１９０５年11月17日の国際法を調査するのでしたら、この日より以前にかかれた文書を探して、それを根拠にすべきででしょう。筆者は、現にそのような研究をしてきたことを報告しました。

　前に検討した通り、「決定的時点」は、この条約が締結されたとされる１９０５年11月17日です。ですから、この条約の効力の問題は、１９０５年11月17日当時に実施されていた国際法の一般規則に照らして解釈されるべきなのです。したがって、1899年制定の大韓帝国法制をのぞき、その他の「決定的時点」(1905年11月17日)以降の資料は、すべて不適当として引用することを避けなければならなかったのです。ところが坂元論文が依拠したほとんど大部分の資料は、「決定的時点」以降に作成されたものなのです。これこそが、坂元論文が迷路に入り込んでしまって、「批准不要説」の立証に失敗してしまった原因と思われます。

1936年の外務省資料を引用して「批准不要説」の根拠としている海野論文への疑問についても同じことが言えるでしょう。これも「決定的時点」である1905年11月17日以降の1936年の資料をもとに、それ以前の国際法を証明しようとしているので、時際法の原則に違反し、誤りと言うしかありません。

そうすると、「批准不要説」を唱えてきた海野論文と坂元論文は、'Inter-temporal Law'の視点から言って、説得力を失ったと結論してよいでしょう。

結局、1905年当時の日本の国際法学の定説(通説以上のもの)は、「批准必要説」を採

70 それ以後(注6以降)の引用論文等の資料もほとんどが、「決定的時点」である1905年11月17日以降のものである。例外としては、中村進午『国際公法論』(明治30年、1897年)などがあるが、これらは、批准必要説をとっているので、坂元論文の結論である批准不要説の根拠とはならない。

用していたと判断してよいのです。そうすると、日本の国際法研究者は、韓国側の前記白忠鉉教授の学説を否定できないと言えましょう。

まとめ

第1に、1905年の「韓国保護条約」は、条約文としても完成していなかった未完成のもので、日本政府が作成し、日本内外に頒布した条約集掲載の1905年11月17日付「日韓協約」は、「捏造」された「偽造文書」と批判されても弁解できない文書でした。第2に、未完成文書に大韓帝国外部大臣の署名捺印の外形が作られたのですが、それは同政府の代表個人に対する強制によって得られた絶対的無効な条約だったと批判され続けています。第3に、日本の1905年当時の国際法学の定説に従えば、この文書に大韓帝国の主権者による批准が必要だったと判断されます。しかし、高宗皇帝の批准はなかったのです。したがって、条約として未完成文書だったし、当時の慣習国際法の原則によれば、批准なくして効力を発生していなかったものと言わざるを得ません。仮に、外形的に成立していたとしても、国家代表個人の強制によったものなので、絶対的無効かつ不法な文書だったのです。

この1905年「韓国保護条約」は、実際は、武力による侵略行為による強制的な占領による征服が進行していたのに、これを覆い隠して諸外国からの批判を招かないような外形を整えるために捏造されたものだったと言わざるを得ません。大韓帝国高宗皇帝が保護国化を希望して「合法的」な条約の締結がなされたと、欧米列強政府外交担当者を誤信させるための手段とされた捏造文書と評価するのが合理的でしょう。

併合条約は、保護条約が有効に締結されたことを前提として作成されたものだったので、砂上の楼閣でした。[71] この条約にも主権者の批准がなかったことも、無効原因となります。したがって、大法院判決が言うとおり、日本による大韓帝国の植民地支配は、国際法上の研究からも、不法だったと言えるのです。

日本の研究者、市民、マスメディア、そして政府は、日韓の間で締結された過去の条約に関する、李泰鎮教授らの歴史研究成果及び白忠鉉教授らの国際法研究成果を率直に受け入れる勇気を持つことができないでしょうか。そうして、自らの歴史認識を根本的に転換するための大きな一歩を踏み出すときが来たのではないでしょうか。その不法性を認め、謝罪することは、大法院判決を理解し、受け入れることにつながります。これは、東アジア共同体構想を実現す

71　前掲戸塚「統監府設置１００年」。

るための前提として越えなければならないハードルです。これを越えることなしには、いかなる共同体の構想も、すぐにほころびが出て、結局破綻せざるを得なくなるでしょう。

第4章　歴史認識と日韓の和解への道

日韓の和解への道を見つけることはできるか？

それにしても、残念なのは、日本政府の感情的で硬直した対応です。政治的な根本的な解決案を検討する絶好機がきているのに、それを逃しかねないのです。

「徴用工問題、韓国に協議要請　日本、請求権協定に基づき」という報道（朝日新聞デジタル、２０１９年1月10日）を見てみましょう。「韓国大法院（最高裁）が日本企業に対し、元徴用工らへの賠償を命じた判決をめぐり、日本政府は9日、日韓請求権協定に基づく協議を韓国政府に要請した。日本政府は元徴用工らへの賠償問題は協定で「完全かつ最終的に解決」されたとしているが、韓国の裁判所が新日鉄住金の資産を差し押さえたことから、協議の要請に踏み切った」と言うのです。

あとで述べますが、協議のスタートとしては、日本政府の対応はこれでよいと思います。しかし、それ以後の経過を見ますと、日韓政府の協議はすれ違いで、一向に前進していません。韓国政府は和解のための腹案を日本政府に伝え続けてきたのですが、日本政府は協議要請を一切受け付けないのです。「国際法違反」という主張を振りかざし、仲裁解決要求一本やりです。

日韓請求権協定の第3条では、「1　この協定の解釈及び実施に関する両締約国の紛争は、まず、外交上の経路を通じて解決するものとする。」とあり、「2　1の規定により解決することができなかつた紛争は、」「仲裁を要請」する段階に入ることが規定されています。仲裁協議に入るためにも、まずは外交交渉による解決を目ざすことになっているのです。ところが、外交交渉どころか、日本政府は、要求に応じない韓国への強硬な「経済制裁」を振りかざすようになりました。2019年8月2日時点では、参議院選挙で与党による過半数を制した安倍首相は、韓国に対する「経済制裁」によって韓国を屈服させようと突き進んでいます。輸出手続きを簡略化できる「ホワイト国」のリストから韓国を外す政令改正を決めたのです。[72] 日本政府は、徴用工問題とこの決定は関係がないと言って、米韓日の協調が崩れることを心配している米国政府の仲介も受け付けません。

しかし、韓国政府は、これを徴用工問題に関する大法院判決への報復とみて、翌8月3日には日本に対する総合的対応策を講じて対抗すると決定したと報道されています。[73] 韓国の人々による日本製品不買運動が広っています。8月22日には、韓国政府は日韓の軍事情報包括保護協定（ＧＳＯＭＩＡ）を破棄することを決定しました。１９６５年日韓基本条約締結後最悪とも言われるほど日韓の関係が悪化してきています。

仲裁解決を可能にする国際関係が必要

もっとも、筆者は、日韓請求権協定に基づく仲裁解決に向けての協議には賛成です。日本軍「慰安婦」問題でも、いつも仲裁による解決を勧めてきました。[74] しかし、私たちの勧めにもかかわらず、日本政府が仲裁解決に否定的だったのです。そのため日韓の和解が実現しませんで

72　朝日新聞デジタル２０１９年８月２日10時30分「韓国の「ホワイト国」除外を閣議決定　８月下旬に発動へ」https://www.asahi.com/articles/ASM8230ZWM82ULFA001.html?ref=hiru_mail_topix2_6　２０１９年８月２日閲覧。

73　朝日新聞デジタル２０１９年８月２日11時22分「「ＮＯ安倍」通り、不買運動…反日過熱の韓国、街は今」https://www.asahi.com/articles/ASM8234RQM82UHBI00R.html?ref=mor_mail_topix3_6　２０１９年８月３日閲覧。

74　①戸塚悦朗『普及版　日本が知らない戦争責任』（現代人文社、２００８年）。②戸塚悦朗「「慰安婦」問題の解決と国際法手続――地域の平和と信頼関係の醸成のために」インパクション１８６号、２０１２年８月、１６４－１８０頁。

した。日本軍「慰安婦」問題については、8項目の中に記載がないし、国連勧告がいくつも出ているので、日本政府は、仲裁裁判になると敗訴するかもしれないと恐れたのでしょうか。

ここにきて日本政府が急に態度を変えて、この事件だけについて仲裁解決を要求するのではあまりにも無原則です。それとも、日本政府は、徴用工の問題については、8項目のなかに一応の記載があるので、仲裁裁判で勝訴すると期待しているのでしょうか。

仲裁裁判は、紛争の平和的解決のための手段です。しかし、仲裁解決には相手方の協力が必要です。国際紛争が起きたら、勝訴しそうか敗訴しそうかという見込みを度外視して、いつでも仲裁解決を原則とするという政策をとる必要があります。筆者は、「慰安婦」問題について、仲裁解決を韓国の被害者やその支援団体などに、熱心に勧めた経験があります。その際、「仲裁裁判では、被害者が勝ちますか？ かならず勝つということなら賛成します」という質問を繰り返し受けた経験があります。そのたびに、「仲裁と言っても裁判ですから、勝つこともあれば、負けることもあります。勝つという保証はできません。しかし、平和的に円満な解決ができる公正な方式ですから、推進しているのです」という回答を繰り返しました。今でも思うのですが、勝つか負けるかの予想をすることは、百害あって一利もないと思います。

勝つか負けるかの予想を越えて、公正な紛争解決の方式を実現することが、地域の平和にとって必要なのです。そういう原則を、この地域の平和原則とするような幅広い国際的な合意が必要なのではないでしょうか。多くの政府が陥るような勝ち負けにこだわる機会主義的な態度や敵対的な態度は克服する必要があります。他の問題（例えば「慰安婦」問題）については受け入れないが、徴用工問題についてだけは仲裁解決を求めると言っても、はたして韓国側を説得できるでしょうか。円満な外交交渉を通じて実現を求めるならともかく、力づくで相手国を痛めつけ、ねじ伏せようというような姿勢は避けるべきでしょう。喧嘩腰で、平和的な紛争解決方式を実現することは、自己矛盾です。それでは実現できないのです。

残念ながら、日本政府の対応は、ナショナリズムの高まりを期待して強硬姿勢を取っているポーズのようにしか見えないのです。これでは、相手国の反発を招き、逆効果しか生まないでしょう。外交的には失策としか言えません。

高齢の被害者のためにできる限り早期の解決の解決が必要です。法的論争をさらに継続して抵抗する姿勢は、早期の和解への願いには逆らうものです。

植民地支配の不法性を理解する

日本政府は、韓国政府に対して、徴用工問題について、「国際法違反」と非難しています。

これは、1965年の日韓請求権協定に違反しているという主張だと思います。しかし、国際法違反の問題は、大法院判決を契機に、植民地支配の不法性を含めて、もっと広い範囲の法的検討を迫られるようになったことに注目すべきでしょう。

仮に仲裁手続きに入るとしても、日韓請求権協定に限らず、日本の植民地支配の不法性を理解すること、ヒューマンライツの国際的な保障制度の発展を踏まえることが必要です。そこに至るまで多くの論点について論議することが必要になってきます。それはどういうことなのか？ さらに詳しく検討を加える必要があります。本書が、そのような複雑な法的な問題を少しでも理解する一助になってほしいと念願しています。

最後に、ひとつ付け加えておきたいことがあります。

もし、日本が植民地支配の不法性を認めたら、何が起きるでしょうか。「歴史がすべて塗り替えられてしまう」「どこまで落ちてゆくかわからない」という不安感を持つ日本の人たちは少なくないでしょう。多くの日本人は、「不法性を認めたとたんに、いくら賠償を取られるかわからない」というような強い不安感を持っているようです。そのため、「なにがあっても、不法性を認めることはできない」という結論に飛躍してしまうのでしょう。

強い不安は、判断を曇らせてしまうのです。

しかし、よく考えてみると、その様な不安は根拠に乏しいことがわかるでしょう。

二つのポイントを考えてみたいと思います。

まず、初めに、もし、植民地支配の不法性を認めたら、実は良いことばかり、という側面があるのです。次のようなことは考えられないでしょうか。

もちろん、日本の国際関係は著しく好転し始めます。日韓・日朝の関係だけではないのです。アジア諸国との関係、世界との関係がプラスの方向に大転換するでしょう。日本は、真の友人を持つことができるようになります。世界的な脱植民地化の流れを作る指導的な立場を築くことができるでしょう。あまりに当然のことですから、あとは読者のご想像に任せます。

日本の将来に良い影響があることも間違いないでしょう。

一人ひとりの私たち日本人の生き方にも、大きな影響が出てくるでしょう。どんなことでも、真実に正面から向き会えるようになります。これは相当重要なことです。まっとうな生き方ができるようになるからです。虚構を信じながら生きる必要がなくなりますから、日常的にストレスが減ります。

子どもの教育にはたとえようがないほど、良い効果があるでしょう。ジョージ・ワシントンの子ども時代のことですが、桜の木を切ってしまったことを正直に告白したという逸話があります。それと同様に、将来の世代が正直に育ちますから、未来に希望が持てるようになります。タブーに縛られず、発想が自由になるので、学問にも良い影響があります。国際法学と歴史学だけではありません。日本の社会科学者が神話をそのまま鵜呑みにする必要がなくなりますから、学問への姿勢が大きく変化します。自然科学者の姿勢にも進歩があるはずです。

日本の政治にも好影響を与えます。ナショナリズムをあおって政権を取るような政治手法への反省ができるようになるでしょう。最近注目されていることですが、小手先の虚偽、情報操作で政治を動かすことも減ってゆくはずです。

もう一つの側面、「それでは、困難はないのか？」という問題を検討する必要があります。率直に言って、かなり大きな山を乗り越える必要があります。それは、筆者も認めざるを得ません。しかし、決断と知恵次第で困難を克服することは可能でしょう。

第1に、基本的には、事実を認めて、誠実に謝罪することが必要です。

まず、具体的にどうすればよいのか？ それを考える必要がありますが、幸い良いモデルがあります。

１９０５年11月17日に締結したとされてきた「日韓協約」と同じように、１９６３年国連ＩＬＣ報告書が絶対的無効の事例にあげたドイツの条約の事例があります。これを戦後ドイツが見事に解決した方法について、坂元茂樹教授が論文[75]で紹介しています。これを参考にしてはどうでしょうか。1910年の併合条約については、すでに2010年8月の菅直人首相談話で事実関係はほぼ認めています。ですから、あと一歩進めて、1905年11月17日「日韓協約」の不存在を認め、これに基づいて締結された1910年併合条約の法的無効を承認するだけでよいのです。

ドイツの先例に倣って、これにともなう影響は最小限にとどめることにすることが可能です。ただ、以下のような一部の例外措置を検討することは必要でしょう。

2010年の菅直人首相談話は、日本が1910年に韓国の人々の意に反して「国」だけでなく「文化」をも奪ったとしていることを想起すべきでしょう。文化財の返還問題については、現在の文化財問題の国際法では解決できない場合があります。その場合は、挙証責任の転換を検討する必要がありましょう。不法な植民地支配下で朝鮮半島から日本に搬出された文化財については、その合法性を日本側が立証できない場合は、返還することを原則とする必要がない

75 坂元茂樹「日韓保護条約の効力――強制による条約の観点から」関大法学論集第44巻第4・5号合併号、1995年1月、869-932頁。

でしょうか。

前記しましたように、「慰安婦」問題と「徴用工」問題はＩＬＯ条約違反の犯罪で、不法な植民地支配下で起きた不法行為です。例外として、対応が必要です。「慰安婦」問題については、少女像の撤去などの主張をやめて、被害者に対する首相の誠実な謝罪を受け入れてもらうことが適当と思われます。「徴用工」問題については、大法院判決が基礎になりましょう。それを前提にして、韓国側が提示している実現可能な和解案[76]があります。韓国への非難をやめて、誠実に協議すれば、解決は十分可能でしょう。

朝鮮民主主義人民共和国との国交正常化交渉があります。これには、非核化という重要課題がありますので、日本だけでは決められません。米朝関係などの進展を見つつ、時間をかけて誠実に話し合えば、解決できる時期が到来するでしょう。すでに、基本としては、日朝共同宣言があります。その他の問題は、韓国の例に倣えばよいと思われます。

より詳しくは、以下のリストに挙げた筆者の著書・論文も参考にしていただければ幸いです。

76　例えば、崔鳳泰「インタビュー　徴用工問題　日韓の「共通項」から道を開く」『世界』２０１９年５月号（第９２０号）、２０１９年４月８日発行。

自著文献リスト

1. 戸塚悦朗『ＩＬＯとジェンダー――性差別のない社会へ』日本評論社、２００６年。
2. 戸塚悦朗「歴史認識と日韓の「和解」への道――安重根東洋平和論研究は、日本を孤立から救うか？」『龍谷法学』第48巻第1号（田中則夫教授追悼号）２０１５年10月1日、１６３－１８８頁。
3. 戸塚悦朗「歴史認識と日韓の「和解」への道（その２）――植民地支配責任と１９０５年「韓国保護条約（？）」」『龍谷法学』第48巻第2号２０１５年11月16日、１５５－１７５頁。
4. 戸塚悦朗「歴史認識と日韓の「和解」への道（その３）――文献研究から１９０５年「韓国保護条約（？）」を問う」『龍谷法学』第48巻第3号２０１６年1月29日、１３５－１７７頁。
5. 戸塚悦朗「歴史認識と日韓の「和解」への道（その４）――「國際法雜誌」は、１９０５年「韓国保護条約（？）」をどう準備したか」『龍谷法学』第48巻第4号２０１６年3月15日、２２７－２７１頁。
6. 戸塚悦朗「歴史認識と日韓の「和解」への道（その５）――１９０５年「韓国保護条約（？）」の効力問題と１９６３年国連総会の決議をめぐって」『龍谷法学』第49巻第3号２０１７年1月29日、１０５－１２９頁。
7. 戸塚悦朗「こじれた日韓関係　和解への道を探る！――強制連行・「慰安婦」問題についての韓国の判決を手掛かりに」（李洙任・重本直利共編『共同研究安重根と東洋平和――東アジアの歴史をめぐる越境的対話』明石書店、２０１７年、２９４－２９３頁）。
8. 戸塚悦朗「歴史認識と日韓の「和解」への道（その６）――「慰安婦」問題に関する日韓外相合意から板門店南北首脳宣言まで」『龍谷法学』第51巻第1号２０１８年10月、３５３－３９６頁。

9．戸塚悦朗「歴史認識と日韓の「和解」への道（その7）――迷路を抜け出す鍵」『龍谷法学』51巻4号2019年3月、409-448頁。

あとがき

何が大法院判決を生んだのでしょうか?

韓国の戦後補償裁判の中心だった崔鳳泰《チェボンテ》弁護士は、「日本の裁判と運動が基礎を作った」と日本の弁護士や支援者の方たちの努力を高く評価しています。日本での裁判などの経過は、何冊の書物でも説明しきれないほどのものでした。日弁連、労働組合、市民団体の貢献も忘れることはできません。

日本の国会による努力もありました。日本軍「慰安婦」問題と強制労働問題など韓国・朝鮮からの戦時動員の問題については、1990年代初めころから故本岡昭次参議院議員ほかの野党議員が熱心に研究し、国会論議が続きました。

特筆すべきなのは、国連とILOの貢献です。本岡議員に啓発されて、私は1992年からこれらの問題を国連人権委員会に提起する国際人権NGO活動を始めました。国連では、日本軍「慰安婦」を「性奴隷」だとするほか、動員の根拠となった日本による植民地支配の不法性についての研究成果を発表しました。悩まされたのは「条約の抗弁」でした。それを克服したのは、世界的なヒューマンライツ促進の流れでした。

個人請求権は残っているのに、日本の裁判では、サンフランシスコ平和条約の枠組みと日韓請求権協定が障害になりました。結局、日本では最高裁で被害者が全敗したのです。しかし、中国人被害者の強制労働問題では、日本の最高裁判所判決の付言が契機になって、いくつかの企業が和解に応じたことが将来への希望の種を残しました。日本政府も、この動きを封じることはありませんでした。ところが、韓国人被害者の民事事件では、企業が和解に応じていません。日本政府の反発が和解への動きを封じているからではないでしょうか。

そもそもどこに根源的な問題があったのでしょうか。

私は朝鮮での戦時動員の法的根拠を探求して、1905年「保護条約」研究に行き着きました。1992年秋以降、実に長い時間がかかって、ようやくこの研究がまとまったのは2018年の秋でした。26年もかかって、本書の中心テーマになった植民地支配の不法性についての研究成果を発表できたのは、2018年10月中国の武漢大学でのことでした。サンフランシスコ平和条約体制をどう超えるのかについて論議する国際学会でのことだったのです。

今思うと、このことは、世界情勢の変化を象徴しているのではないでしょうか。この戦後体制を作ったのは冷戦の一方の当事者であった米国とその同盟国でした。ところが、サンフランシスコ会議に招かれなかった中国、韓国、ロシアなどの研究者が、日米の研究者とともに、サンフランシスコ平和条約体制の限界について研究を重ねるようになったのです。サンフランシスコ平和条約の枠組みには参加しなかった中国や韓国が台頭し、国際社会の中で、無視できない一定の力と、それにふさわしい地位と役割を持つまでになったのです。

実は、韓国の司法府にも致命的な限界がありました。2012年の大法院判決による差し戻しまでは健全に機能していました。ところが、その後の差し戻し審の高裁判決について、再度の上告を受けた大法院が機能停止してしまったのです。最近わかってきたのですが、日本政府と日本企業が、韓国政府に圧力をかけて、韓国の司法府を沈黙させる力をふるったのです。これは、現在韓国では、前大法院長の逮捕という前例のない事態にまで発展し、大スキャンダルになっています。韓国司法府に再び命を吹き込んだのは、民衆によるローソク革命でした。朴《パク》槿恵《クネ》前大統領が弾劾によって罷免され、2017年5月文在寅《ムンジェイン》大統領が当選しました。その結果、やっと司法府が独立を回復できたのです。

こうした世界の重層的な変化が総合的に働いた結果、生まれたのが、2018年大法院判決だったと評価できるのかもしれません。これは、将来日韓を超えて、貴重な人類の公共資産のひとつに数えられるようになる可能性を秘めていると言えないでしょうか。

今年2019年は、1919年の三・一独立運動と上海で樹立された大韓民国臨時政府100周年に当たります。本書がその年に出版されることは、意義深いと思います。読者に期待したいのは、大法院判決が何を言っているかを素直に読み取っていただきたいのです。本書の出版が契機になって、日韓関係について実り多い議論がされるようになることを祈念します。そうすれば必ず、日韓の和解への道を見つけることができるという希望を持ち続けたいと思います。

より詳しい私の研究は、自著文献リストにまとめましたので、ご参照ください。これらもいずれまとめて将来出版したいと希望しています。

最後になりましたが、本書の企画に熱心に取り組んで頂いた明石書店編集部の関正則氏のご協力と、企画を承認してくださった大江道雅社長の英断に感謝申し上げます。

2019年8月15日

戸塚悦朗

「徴用工問題」関連年表

1910年 8月22日	韓日合併条約
1931年 9月18日	満州事変
1937年 7月 7日	盧溝橋事件、日中戦争始まる
1938年 4月 1日	国家総動員法
1941年12月 8日	真珠湾攻撃、太平洋戦争始まる
1942年 2月	朝鮮人内地移入斡旋要綱
1944年 8月 8日	国民徴用令を朝鮮人にも実施する
1945年 8月15日	日本が連合国に無条件降伏
1945年12月 6日	米国軍政法令第33号により在韓日本財産を米軍政庁に帰属させる
1948年12月10日	国連総会が世界人権宣言を採択
1951年 9月 8日	サンフランシスコで対日平和条約
1952年 2月15日	第1次韓日会談本会議
1965年 6月22日	「大韓民国と日本国間の基本関係に関する条約」・「請求権協定」・「請求権協定に対する合意議事録（1）」
1965年12月18日	日本・財産権措置法
1966年 2月19日	韓国・請求権資金法
1971年 1月19日	韓国・請求権申告法
1974年12年21日	韓国・請求権補償法
2003年10月 9日	本件日本の前訴確定
2004年 3月 5日	韓国・真相究明法
2005年 8月26日	韓国請求権協定に関する一部文書を公開
2005年 8月26日	韓国・民官共同委員会公式見解を表明
2007年12月10日	韓国・2007年犠牲者支援法
2010年 3月22日	韓国・2010年犠牲者支援法
2012年 5月24日	韓国・新日鉄事件大法院第1部判決
2018年10月30日	韓国・新日鉄住金徴用工事件再上告審判決

断をすることはできない

3.判決の意義

回 強制徴用被害者が日本企業を相手にした損害賠償請求訴訟において大法院は2012年、損害賠償請求をすることができる旨の差戻し判決を宣告した

回 その後上記判決に対して学界などにおいてその賛否をめぐる様々な議論があり、特に強制動員被害者の損害賠償請求権が請求権協定に含まれていると解することができるか、含まれていたと解する場合、個人請求権が消滅するか、外交的保護権に限定して放棄されたのかなどについて多くの議論があった

回 本判決は、「日本政府の韓半島に対する不法な植民地支配と侵略戦争の遂行と直結した日本企業の反人道的な不法行為を前提とした強制動員被害者の日本企業に対する慰謝料請求権」は請求権協定の対象に含まれていないと判断し、被告の他の上告理由の主張も排斥することにより、被告が原告らに１億ウォンの慰謝料を支払わねばならないとした原審判決を最終的に確定させた

▪ 国際法上の戦後賠償問題などについて国民の財産や利益に関する事項を国家間条約を通じて一括的に解決する「一括処理協定」は、請求権協定締結当時、一般的に認められていた条約形式である

▪ 大韓民国は請求権補償法、2007年および2010年の犠牲者支援法などを制定し、強制徴用被害者に補償金を支給した。実際の被害に比べて非常に不十分であるという事実を請求権協定の効力を解釈する根拠とすることはできない

● 請求権協定第２条の文言の意味は個人請求権の完全な消滅まででではないが「大韓民国国民が日本や日本国民に対して訴によって権利を行使することは制限される」という意味に解釈される

− 請求権協定では、明示的な放棄（waive）表現がない。個人請求権が実体法的に完全に消滅したり、放棄されたとは解し難い。第２条３で「どのような主張もできないものとする」との文言の意味は、訴によって権利を行使することが制限されるという意味に解釈するしかない

回 請求権協定が憲法や国際法に違反して無効であるとするのでなければ、その内容の良し悪しにかかわらず、その文言と内容に応じて遵守しなければならない。請求権協定により個人の請求権がもはや行使できなくなることによって被害を受けた国民に、今からでも国は正当な補償をしなければならない。

● 大韓民国は被害国民の訴訟提起の有無にかかわらず、正当な補償が行われるようにする責務がある

カ.多数意見に対する補充意見（２人）：多数意見の立場が条約解釈の一般原則に照らして妥当である。

回 請求権協定の文脈、請求権協定の目的等に照らし請求権協定の文言に現れた通常の意味に従って解釈する場合には、請求権協定に言う「請求権」に強制動員慰謝料請求権まで含まれるとは解し難い

回 交渉記録と締結時の諸事情等を考慮してその意味を明らかにすべきだとしても、上記のような結論は変わらない

● 請求権協定で強制動員被害者の慰謝料請求権とその放棄について明確に定めていないのに、明示的根拠もなくこれを剥奪するような判

オ. 反対意見（２人）：請求権協定の適用対象に原告らの損害賠償請求権も含まれる。大韓民国の国民が日本や日本国民に対して有する個人請求権が請求権協定によって直ちに消滅したり放棄されたとすることはできないが、訴訟によってこれを行使することは制限されることになったので、原告が日本国民である被告に対して国内で強制動員による損害賠償請求権を訴として行使することも制限される。⇒破棄差し戻し意見

回 原告らの損害賠償請求権が請求権協定の対象に含まれると解すべきであるという点では、個別意見２と同じである

回 しかし、個別意見２のように外交的保護権に限定して放棄されたものと解することは妥当ではない。請求権協定に基づいて原告らの個人請求権自体が消滅したり、放棄されたわけではないが、その権利行使が制限されるものと言わねばならない

- ● 外交的保護権に限定して放棄されるとの見解は妥当ではない
  - ▪ 請求権協定第２条は大韓民国の国民と日本国民の相手方の国家とその国民の請求権まで対象としていることが明らかであるから、請求権協定を国民個人の請求権とは関係なく両締約国が相互に外交的保護権のみを放棄する内容の条約であるとは解し難い。外交的保護権の行使主体は被害者個人ではなくその国籍国であり、個人の請求権の有無に直接影響を及ぼさない
  - ▪ 請求権協定第２条１に規定する「完全かつ最終的に解決されたもの」との文言は、請求権に関する問題が締約国の間ではもちろん、その国民の間でも完全かつ最終的に解決されたとの意味に解釈することが、その文言の通常の意味に適合する
- ●「完全かつ最終的に解決されたことになる」という文言の意味は、両締約国はもちろん、その国民ももはや請求権を行使することができなくなったという意味であると解すべきである
- ● 請求権協定締結過程や締結後の諸事情を総合してみると、当時大韓民国は請求権協定により強制徴用被害者の個人請求権も消滅し、少なくともその行使が制限されるという立場をとっていたと考えられる
  - ▪ 大韓民国は最初から強制徴用被害者に対する補償を要求し、請求権資金の分配は全的に国内法の問題という立場をとった

▪ その後具体的な調整過程を経て、1965年６月22日に請求権協定が締結されたが、第１条では経済協力資金の支援について定め、第２条では権利関係の解決について定めた。

● 請求権協定締結後、大韓民国が様々な補償立法を通じて補償措置を取ったことも強制動員被害者の損害賠償請求権が請求権協定の適用対象に含まれることを前提としたものと見ることができる。

回 上記のように含まれてはいるが、原告らの個人請求権自体は請求権協定だけでは当然消滅するとは言えず、ただ請求権協定によってその請求権に関する大韓民国の外交的保護権が放棄されるにより、日本の国内措置により当該請求権が日本国内で消滅しても大韓民国がこれ外交的に保護する手段を失うことになるだけである。

●「外交的保護権」とは、「自国民が外国で違法・不当な扱いを受けた場合、その国籍国が外交手続きなどを通じて、外国政府を相手に自国民の保護や救済を求めることができる国際法上の権利」である

● 請求権協定には、外交的保護権の放棄にとどまらず「個人請求権」の消滅について日韓両国政府の意思の合致があったというだけの十分かつ明確な根拠がない

▪ 国家と個人が別個の法的主体であるという近代法の原理は、国際法上も受け入れられているが、権利の「放棄」は、その権利者の意思を厳格に解釈しなければならないという法律行為の解釈の一般原則によるとき、個人の権利を国家が代わりに放棄する場合には、これをさらに厳格に解釈すべきである。

▪ 請求権協定では「放棄（waive)」という用語が使用されていない

● 当時の日本は請求権協定により個人請求権が消滅するのではなく国の外交的保護権のみ放棄されると解する立場であったことが明らかである。

▪ 日本は請求権協定直後、日本国内で大韓民国国民の日本国及びその国民に対する権利を消滅させる内容の財産権措置法を制定・施行した。このような措置は、請求権協定だけでは大韓民国国民個人の請求権が消滅していないことを前提とするとき、初めて理解できる

にのみ、羈束力が及ばないと解するべきである。

● 本件の場合、差戻し判決に上記のような例外的な事情がないので、差戻し判決と同じ結論をとらざるをえない。

エ.個別意見2（3名）：原告らの損害賠償請求権は請求権協定の対象に含まれるというべきである。ただし原告ら個人の請求権自体が請求権協定によって当然消滅するは言えず、請求権協定によりその請求権に関する大韓民国の外交的保護権のみが放棄されたに過ぎない。したがって原告らは依然として大韓民国において被告に対して訴によって権利を行使することができる。（多数意見と上告棄却の結論は同様であるが、理由を異にする）

回 原告らの損害賠償請求権は、請求権協定の適用対象に含まれる

● 請求権協定及び請求権協定の合意議事録（I）によれば、請求権協定の適用対象に「8項目」の第5項で規定した「被徴用韓国人の未収金、補償金およびその他の請求権」が含まれることは明らかであり、「その他の請求権」には、原告らの主張する損害賠償請求権も含まれると解するのが妥当する

▪ 大韓民国は1961年5月頃の交渉過程で「生存者、負傷者、死者、行方不明者と軍人・軍属を含む被徴用者全般に対する補償」を要求し、「他の国民を強制的に動員することによって被った被徴用者の精神的・肉体的苦痛に対する補償」も積極的に要請した。1961年12月頃にも強制動員被害補償金を3億6400万ドルと算定し、これを含めて、8項目の合計補償金12億2000万ドルを要求した

▪ 1961年5月頃、韓日会談当時、大韓民国が上記要求額は国家として請求するものであり、被害者個人に対する補償は国内で措置すると主張したが、日本は具体的な徴用・徴兵の人数や証拠資料を要求して交渉が難航した。

▪ これに対し日本は証明の困難などを理由に有償と無償の経済協力の形式をとり、金額をかなりの程度上げ、その代わりに請求権を放棄することにする方案を提案し、大韓民国は純弁済及び無償援助の2つの名目で金員を受領するが、具体的な金額は項目別に区分せずに総額のみを表示する方法を再提案した。

動員することで負わせた被徴用者の精神的、肉体的苦痛に対する補償」に言及した事実、1961年12月頃、交渉過程で大韓民国側が「８項目に対する補償として合計12億2000万ドルを要求し、そのうち３億6400万ドル（約30%）を強制動員被害補償に対するものと算定(生存者１人当り200ドル、死亡者１人当り1650ドル、負傷者１人当り2000ドルを基準)」した事実などが認められる。

▪ しかし、上記のような発言内容は大韓民国や日本の公式見解ではなく具体的な交渉過程で交渉担当者が述べた言葉に過ぎず、13年にわたった交渉過程で一貫して主張された内容でもない

▪「被徴用者の精神的、肉体的苦痛」にを言及したことは交渉で有利な地位を占めようとする目的から始まった発言に過ぎないとみる余地が大きく、実際に当時は日本側の反発で交渉が妥結されなかった。

▪ 上記のように交渉過程で合計12億2000万ドルを要求したにもかかわらず、実際の請求権協定は３億ドル（無償）で妥結された。このように要求額にはるかに及ばない３億ドルだけを受け取った状況で、強制動員慰謝料請求権も含まれると見ることは難しい

ウ.個別意見１（１名）：既に差戻判決で原告らの損害賠償請求権が請求権協定の対象に含まれていないと判断したので、差戻判決の羈束力よって、本件でも同様の判断をせざるを得ない（多数意見と上告棄却の結論は同じであるが、理由を異にする）

回 差戻し判決の羈束力（上級裁判所の判断に下級裁判所が従わねばならないこと）は差戻し後の第２審だけでなく、再上告審にも及ぶことが原則である

回 差戻し後、第２の審理過程で新たな証拠等により差戻判決の判断の基礎となった事実関係に変動が生じた場合には羈束力が及ばないであろうが、本件ではそのように解する事情がない

回 再上告審が全員合議体で判断した場合であっても羈束力が及び、「差戻し判決に明らかな法理の誤解があり、必ずこれを是正しなければならない状況であるとか、差戻し判決が全員合議体を経ないまま従来の大法院判決がとった見解に反する立場をとったとき」のような例外的な場合

両国間の財政的・民事的債権・債務関係を政治的合意によって解決するものであった

- サンフランシスコ条約によって開催された第１次韓日会談で、いわゆる「８項目」が提示されたが、これは基本的に韓・日両国間の財政的・民事的債務関係に関することであった。上記８項目のうち、第５項に「被徴用韓国人の未収金、補償金及びその他請求権の弁済請求」という文言があるが、これも日本植民支配の不法性を前提にするのではなかった。
- 1965年３月20日に大韓民国政府が発刊した「韓日会談白書」では、サンフランシスコ条約第４条が韓・日間請求権問題の基礎になったと明示しており、更に「上記第４条の対日請求権は勝戦国の賠償請求権と区別される。韓国はサンフランシスコ条約の調印当事国ではなく第14条規定による戦勝国が享受する『損害及び苦痛』に対する賠償請求権を認められなかった。このような韓・日韓請求権問題には賠償請求を含ませることができない。」と説明している
- 請求権協定文やその付属書のどこにも日本の植民支配の不法性を言及する内容は全くない

● 請求権協定第１条によって日本政府が大韓民国政府に支払った経済協力資金（無償３億ドル、有償２億ドル）は、第２条による権利問題の解決と法的な対価関係があるといえるのかも明らかではない

- 2005年民官共同委員会の発表などを通じて認められる大韓民国政府の立場も、政府が受領した無償資金のうち、相当金額を強制動員被害者の救済に使わなければならない責任が「道義的責任」に過ぎないということである

● 請求権協定の交渉過程で日本政府は植民支配の不法性を認めないまま、強制動員被害の法的賠償を基本的に否認し、これによって韓日両国の政府は日帝の韓半島支配の性格に関して合意に至ることができなかったが、このような状況で強制動員慰謝料請求権が請求権協定の適用対象に含まれたとするのは難しい。

● 差戻し後の第２審で被告が交渉過程に関する証拠を追加で提出したが、それら証拠によっても結論が変わるとはいえない

- 1961年５月頃、交渉過程で大韓民国側が「他の国民を強制的に

体法上消滅するのではないが権利行使が制限されることになるのかなどが本件の争点である。

イ．多数意見（７名）：原告らの慰謝料請求権は請求権協定の適用対象に含まれない

回 本件で問題になる原告らの損害賠償請求権は、日本政府の韓半島に対する不法な植民支配及び侵略戦争の遂行と直結された日本企業の反人道的な不法行為を前提にする強制動員被害者の日本企業に対する慰謝料請求権（以下「強制動員慰謝料請求権」）である（未払賃金や補償金を求めるものではない）☞これは下記のような差戻し後の第２審判決の事実認定に基づくものである

● 日本政府は日中戦争と太平洋戦争など不法な侵略戦争の遂行過程で基幹軍需事業体である日本の製鉄所に必要な労働力を確保するため、長期的な計画を立てて組織的に労働力を動員し、核心的な基幹軍需事業体の地位にあった旧日本製鉄は、鉄鋼統制会に主導的に参加するなど、日本政府の上記のような労働力動員政策に積極的に協力して労働力を拡充した

● 原告らは当時韓半島と韓国民らが日本の不法で暴圧的な支配を受けていた状況で、将来日本で従事することになる労動内容や環境についてよく理解できないまま日本政府と旧日本製鉄の上記のような組職的な欺罔によって動員された

● しかも原告らは成年に至っていない幼い年に家族と別れ、生命や身体に危害を被る可能性が非常に高い劣悪な環境で危険な労働に従事し、具体的な賃金額も分からないまま強制的に貯金をしなければならなかったし、日本政府の残酷な戦時総動員体制で外出が制限され、常時監視を受け脱出が不可能であり、脱出を試みたことが発覚した場合には残酷に殴打を受けることもあった。

回 このような‘強制動員慰謝料請求権’は、請求権協定の適用対象に含まれるとは言えない

● 請求権協定は日本の不法的植民支配に対する賠償を請求するための協定ではなく、基本的にサンフランシスコ条約第４条に基づき韓日

回 ④ 被告が消滅時効完成の抗弁を主張することができるか（上告理由4点）

● 被告は原告らの損害賠償請求権の消滅時効が完成したと主張し、これに対して原告らは被告の消滅時効の主張は権利濫用にあたると争った

回 まず、大法院は上記①、②、④の争点について、差戻判決及び差戻し後の第2審判結と同様に日本の裁判所の判決はその内容が我が国の善良な風俗やその他の社会秩序に反するのでその効力を認めることができず（上記の①争点）、原告らは旧日本製鉄に対する損害賠償請求権を被告に対しても行使することができ（上記の②争点）、本件の提訴当時まで原告らが被告に対して大韓民国で客観的に権利を行使することができない障害事由があったと言えるので、被告の消滅時効完成という主張は権利濫用として許されない（上記の④争点）と判断した。

回 上記③の争点については、下記のとおり大法官の間で見解が分かれた。

● 請求権協定は前文において、「**大韓民国と日本国は、両国及び両国国民の財産と両国及び両国国民間の請求権に関する問題を解決することを希望し…**」と定めた。第1条において日本が大韓民国に3億ドルを無償で提供し2億ドルの借款を行う事にすると定め、続いて第2条1で「**…両締約国及びその国民間の請求権に関する問題が… 完全かつ最終的に解決されたことになるということを確認する。**」と定めた。第2条3では「**…一方の締約国及びその国民の他方の締約国及びその国民に対する全ての請求権として同日以前に発生した事由に起因するものに関しては、いかなる主張もできないことにする。**」と定めた。

● 請求権協定に対する合意議事録（Ｉ）では、「**…請求権に関する問題には韓日会談で韓国側から提出された対日請求要綱『8項目』の範囲に属する全ての請求が含まれており、したがって同対日請求要綱に関しては如何なる主張もできなくなることを確認した。**」とした。

● このような請求権協定などの解釈上、1）原告らが主張する慰謝料請求権が請求権協定の適用対象に含まれたといえるか、2）含まれるとするならそれによる効力はどうなるのか、すなわち、権利自体が消滅するのか、外交的保護権だけが消滅するのか、そうでなければ実

善洙《ソンス》の多数意見に対する**補充意見**がある。

1. 事案の内容

回 原告らは1941年から1943年まで日本の製鉄所に強制動員された被害者らである。

回 2005年1月頃、韓日請求権協定関連文書が公開され、原告らは2005年2月頃、日本企業である被告に対して本件損害賠償請求の訴を提起した。

回 第1、2審では原告らが敗訴したが、大法院 2012年5月24日宣告2009 다 68620判決（差戻判決）は「請求権協定にもかかわらず、原告らが被告に対して損害賠償請求権を行使することができる」という趣旨の判断をした。

回 差戻し後の第2審は差戻判決の趣旨にしたがい被告が原告らに強制動員被害による慰謝料を支払う義務があるとして、慰謝料金額を各1億ウォンと定めた

回 被告がこれに不服として再度上告した。

2. 大法院の判断

ア. 事件の主要争点

回 ① 原告1、2に対する日本の裁判所の判決の効力と既判力（上告理由1点）

● 原告1、2は本件訴の提起に先立って日本で同一の訴訟を提起し、日本の裁判所で敗訴が確定した

● このような日本の裁判所の判決が外国裁判所判決の承認制度によって我が国にもその効力が及ぶと言えるのか否かが問題となる

回 ② 被告が旧日本製鉄の債務を負担するのか否か（上告理由2点）

● 原告らは旧日本製鉄が運営した製鉄所で強制労動をさせられたが、旧日本製鉄の原告らに対する損害賠償債務が被告（新日鉄住金）に承継されたとみることができるか否かが問題となる

回 ③ 請求権協定で原告らの損害賠償請求権が消滅したと見ることができるか否か（**核心争点**）（上告理由3点）

（資料２）大法院 2013 다 61381 損害賠償（기）事件報道資料

大法院広報官室（02-3480-1451）

大法院（裁判長 大法院長 金命洙《キムミョンス》、主審 大法官 金昭英《キムソヨン》）は、2018年10月30日、日帝強制占領期強制動員被害者らが日本企業（新日鉄住金株式会社）に対して提起した損害賠償請求訴訟において被告（新日鉄住金）の上告を棄却し、被告が原告ら（被害者ら）に各１億ウォンの慰謝料を支給しなければならないとした原審判決をそのまま確定させた（大法院2018年10月30日宣告2013 다 61381 全員合議体判決）。

本件の核心争点は、1965年韓日請求権協定により原告らの損害賠償請求権が消滅したと言いえるか否かである。これについて**多数意見（7名）**は原告らの損害賠償請求権は「日本政府の韓半島に対する不法的な植民支配及び侵略戦争の遂行と直結した日本企業の反人道的な不法行為を前提とする強制動員被害者の日本企業に対する慰謝料請求権」であって請求権協定の適用対象に含まれないとした。

このような多数意見に対しては、「既に2012年５月24日に宣告された差戻判決で大法院は原告らの損害賠償請求権が請求権協定の適用対象に含まれないと判断したので、その差戻判決の羈束力によって再上告審である本件においても同じ判断をするしかない」という趣旨の大法官李起宅《イギテク》の**個別意見１**と「原告らの損害賠償請求権も請求権協定の適用対象には含まれるが、大韓民国の外交的保護権が放棄されたに過ぎないので、原告らは被告に対して我が国で損害賠償請求権を行使することができる」という趣旨の大法官金昭英《キムソヨン》、大法官李東遠《イドンウォン》、大法官盧《ノ》貞《ジョン》姫《ヒ》の**個別意見２**があり、「原告らの損害賠償請求権は請求権協定の適用対象に含まれ、大韓民国の外交的保護権だけが放棄されたのではなく、請求権協定によって原告らの権利行使が制限される」という趣旨の大法官権《クォン》純一《スニル》、大法官趙載淵《チョジェヨン》の**反対意見**があり、「多数意見の立場が条約解釈の一般原則に照らして妥当である」という趣旨の大法官金哉衡《キムジェヒョン》、大法官金《キム》

1）山本晴太「日韓両国政府の日韓請求権協定解釈の変遷」（2014年）参照。http://justice.skr.jp/seikyuuken-top.html

2） 1991年12月13日参議院予算委員会，1992年２月26日衆議院外務委員会，1992年３月９日衆議院予算委員会における柳井俊二条約局長答弁，1992年４月７日参議院内閣委員会における加藤紘一外務大臣答弁等

（2019年１月19日現在，弁護士280名、学者18名、合計298名）

4 日韓両国が相互に非難しあうのではなく、本判決を機に根本的な解決を行うべきである

本件の問題の本質が人権侵害である以上、なによりも被害者個人の人権が救済されなければならない。それはすなわち、本件においては、新日鉄住金が本件判決を受け入れるとともに、自発的に人権侵害の事実と責任を認め、その証として謝罪と賠償を含めて被害者及び社会が受け入れることができるような行動をとることである。

例えば中国人強制連行事件である花岡事件、西松事件、三菱マテリアル事件など、訴訟を契機に、日本企業が事実と責任を認めて謝罪し、その証として企業が資金を拠出して基金を設立し、被害者全体の救済を図ることで問題を解決した例がある。そこでは、被害者個人への金員の支払いのみならず、受難の碑ないしは慰霊碑を建立し、毎年中国人被害者等を招いて慰霊祭等を催すなどの取り組みを行ってきた。

新日鉄住金もまた、元徴用工の被害者全体の解決に向けて踏み出すべきである。それは、企業としても国際的信頼を勝ち得て、長期的に企業価値を高めることにもつながる。韓国において訴訟の被告とされている日本企業においても、本判決を機に、真の解決に向けた取り組みを始めるべきであり、経済界全体としてもその取り組みを支援することが期待される。

日本政府は、新日鉄住金をはじめとする企業の任意かつ自発的な解決に向けての取り組みに対して、日韓請求権協定を持ち出してそれを抑制するのではなく、むしろ自らの責任をも自覚したうえで、真の解決に向けた取り組みを支援すべきである。

私たちは、新日鉄住金及び日韓両政府に対して、改めて本件問題の本質が人権問題であることを確認し、根本的な解決に向けて取り組むよう求めるとともに、解決のために最大限の努力を尽くす私たち自身の決意を表明する。

2018年11月5日

権に基づいて訴求する権能を失わせるにとどまる」と判示している（最高裁判所2007年４月27日判決）。この理は日韓請求権協定の「完全かつ最終的に解決」という文言についてもあてはまるとするのが最高裁判所及び日本政府の解釈である。[1)]

この解釈によれば、実体的な個人の賠償請求権は消滅していないのであるから、新日鉄住金が任意かつ自発的に賠償金を支払うことは法的に可能であり、その際に、日韓請求権協定は法的障害にならない。

安倍首相は、個人賠償請求権について日韓請求権協定により「完全かつ最終的に解決した」と述べたが、それが被害者個人の賠償請求権も完全に消滅したという意味であれば、日本の最高裁判所の判決への理解を欠いた説明であり誤っている。他方、日本の最高裁判所が示した内容と同じであるならば、被害者個人の賠償請求権は実体的には消滅しておらず、その扱いは解決されていないのであるから、全ての請求権が消滅したかのように「完全かつ最終的に解決」とのみ説明するのは、ミスリーディング（誤導的）である。

そもそも日本政府は，従来から日韓請求権協定により放棄されたのは外交保護権であり，個人の賠償請求権は消滅していないとの見解を表明しているが，安倍首相の上記答弁は，日本政府自らの見解とも整合するのか疑問であると言わざるを得ない。[2)]

3 被害者個人の救済を重視する国際人権法の進展に沿った判決である

本件のような重大な人権侵害に起因する被害者個人の損害賠償請求権について、国家間の合意により被害者の同意なく一方的に消滅させることはできないという考え方を示した例は国際的に他にもある（例えば、イタリアのチビテッラ村におけるナチス・ドイツの住民虐殺事件に関するイタリア最高裁判所（破棄院）など）。このように、重大な人権侵害に起因する個人の損害賠償請求権を国家が一方的に消滅させることはできないという考え方は、国際的には特異なものではなく、個人の人権侵害に対する効果的な救済を図ろうとしている国際人権法の進展に沿うものといえるのであり（世界人権宣言８条参照）、「国際法に照らしてあり得ない判断」であるということもできない。

険があるなかで溶鉱炉にコークスを投入するなどの過酷で危険な労働を強いられていた。提供される食事もわずかで粗末なものであり、外出も許されず、逃亡を企てたとして体罰を加えられるなど極めて劣悪な環境に置かれていた。これは強制労働（ＩＬＯ第29号条約）や奴隷制（1926年奴隷条約参照）に当たるものであり、重大な人権侵害であった。

本件は、重大な人権侵害を受けた被害者が救済を求めて提訴した事案であり、社会的にも解決が求められている問題である。したがって、この問題の真の解決のためには、被害者が納得し、社会的にも容認される解決内容であることが必要である。被害者や社会が受け入れることができない国家間合意は、いかなるものであれ真の解決とはなり得ない。

２ 日韓請求権協定により個人請求権は消滅していない

元徴用工に過酷で危険な労働を強い、劣悪な環境に置いたのは新日鉄住金（旧日本製鐵）であるから、新日鉄住金には賠償責任が発生する。

また、本件は、1910年の日韓併合後朝鮮半島を日本の植民地とし、その下で戦時体制下における労働力確保のため、1942年に日本政府が制定した「朝鮮人内地移入斡旋要綱」による官斡旋方式による斡旋や、1944年に日本政府が植民地朝鮮に全面的に発動した「国民徴用令」による徴用が実施される中で起きたものであるから、日本国の損害責任も問題となり得る。

本件では新日鉄住金のみを相手としていることから、元徴用工個人の新日鉄住金に対する賠償請求権が、日韓請求権協定２条１項の「完全かつ最終的に解決された」という条項により消滅したのかが重要な争点となった。

この問題について、韓国大法院は、元徴用工の慰謝料請求権は日韓請求権協定の対象に含まれていないとして、その権利に関しては、韓国政府の外交保護権も被害者個人の賠償請求権もいずれも消滅していないと判示した。

他方、日本の最高裁判所は、日本と中国との間の賠償関係等について、外交保護権は放棄されたが、被害者個人の賠償請求権については、「請求権を実体的に消滅させることまでを意味するものではなく、当該請求

（資料１）元徴用工の韓国大法院判決に対する弁護士有志声明

韓国大法院（最高裁判所）は、本年10月30日、元徴用工４人が新日鉄住金株式会社（以下「新日鉄住金」という。）を相手に損害賠償を求めた裁判で、元徴用工の請求を容認した差し戻し審に対する新日鉄住金の上告を棄却した。これにより、元徴用工の一人あたり１億ウォン（約１千万円）を支払うよう命じた判決が確定した。

本判決は、元徴用工の損害賠償請求権は、日本政府の朝鮮半島に対する不法な植民地支配及び侵略戦争の遂行と直結した日本企業の反人道的な不法行為を前提とする強制動員被害者の日本企業に対する慰謝料請求権であるとした。その上で、このような請求権は、1965年に締結された「日本国と大韓民国との間の財産及び請求権に関する問題の解決と経済協力に関する協定」（以下「日韓請求権協定」という。）の対象外であるとして、韓国政府の外交保護権と元徴用工個人の損害賠償請求権のいずれも消滅していないと判示した。

本判決に対し，安倍首相は、本年10月30日の衆議院本会議において、元徴用工の個人賠償請求権は日韓請求権協定により「完全かつ最終的に解決している」とした上で、本判決は「国際法に照らしてあり得ない判断」であり、「毅然として対応していく」と答弁した。

しかし、安倍首相の答弁は、下記のとおり、日韓請求権協定と国際法への正確な理解を欠いたものであるし、「毅然として対応」するだけでは元徴用工問題の真の解決を実現することはできない。

私たちは、次のとおり、元徴用工問題の本質と日韓請求権協定の正確な理解を明らかにし、元徴用工問題の真の解決に向けた道筋を提案するものである。

１ 元徴用工問題の本質は人権問題である

本訴訟の原告である元徴用工は、賃金が支払われずに、感電死する危

[著者プロフィール]

戸塚悦朗（とつか・えつろう）

1942年静岡県生まれ。
現職：弁護士（2018年11月再登録）。英国王立精神科医学会名誉フェロー。日中親善教育文化ビジネスサポートセンター顧問。
教育歴等：理学士・法学士（立教大学）。法学修士（LSE・LLM）。博士（立命館大学・国際関係学）。
職歴：1973年4月第二東京弁護士会及び日本弁護士連合会入会（2000年3月公務就任のため退会）。薬害スモン訴訟原告代理人を務めた。
1984年以降、国連人権NGO代表として国際的人権擁護活動に従事。国連等国際的な舞台で、精神障害者等被拘禁者の人権問題、日本軍「慰安婦」問題などの人権問題に関わり続けてきた。
2000年3月神戸大学大学院（国際協力研究科助教授）を経て、2003年4月龍谷大学（法学部・法科大学院教授。2010年定年退職）。
1988年以降現在までの間、英国、韓国、米国、カナダ、フィンランドの大学で客員研究員・教員を歴任。
研究歴：国際人権法実務専攻。近年は、日韓旧条約の効力問題および安重根裁判の不法性に関する研究を進め、日本の脱植民地化のプロセスの促進に努めている。主編著には、（共編）『精神医療と人権』（1～3）亜紀書房。『日本が知らない戦争責任』現代人文社。『国際人権法入門』明石書店。『ILOとジェンダー』日本評論社。『国連人権理事会』日本評論社。『日本の教育はまちがっている』アジェンダ・プロジェクト。その他日英の論文多数。

「徴用工問題」とは何か？
韓国大法院判決が問うもの

2019年10月7日　初版第1刷発行

著　者　戸　塚　悦　朗
発行者　大　江　道　雅
発行所　株式会社 明石書店
〒101-0021 東京都千代田区外神田6-9-5
電話 03（5818）1171
FAX 03（5818）1174
振替　00100-7-24505
http://www.akashi.co.jp/
装丁　明石書店デザイン室
組版　朝日メディアインターナショナル（株）
印刷・製本　モリモト印刷株式会社

（定価はカバーに表示してあります）　ISBN978-4-7503-4904-6